山东省公路安全生命防护工程
实施技术指南

Guide for Implementation of Improve Highway Safety to Cherish the Life Project of Shandong Province

（试行）

主编单位：山东省交通运输厅公路局
山东省交通规划设计院
交通运输部公路科学研究院

人民交通出版社股份有限公司
China Communications Press Co.,Ltd.

内 容 提 要

本指南系统总结了山东省十年来普通公路安全保障工程经验，借鉴和吸收了部颁《公路安全生命防护工程实施技术指南(试行)》和安全生命防护工程示范路设计实施成果，重点解决不同功能和等级公路排查方法的差异性，不同危险程度路段处置措施的层次性与合理性，以及不同设计人员对安全生命防护理解不同而导致的排查深度、精度，处置措施的标准、规范性不一致的问题。全书共6章，主要包括判定原则及标准、路段排查、分级处置对策、常用设施设置技术、工程处置案例和设计文件要求等内容。

本指南可供公路管理、交通管理人员参考使用，也可供相关研究、工程设计、施工和监理技术人员阅读使用。

图书在版编目(CIP)数据

山东省公路安全生命防护工程实施技术指南：试行／山东省交通运输厅公路局，山东省交通规划设计院，交通运输部公路科学研究院主编. — 北京：人民交通出版社股份有限公司，2018.6

ISBN 978-7-114-14751-7

Ⅰ. ①山… Ⅱ. ①山… ②山… ③交… Ⅲ. ①公路运输—交通运输安全—安全工程—山东—指南 Ⅳ. ①U492.8-62

中国版本图书馆CIP数据核字(2018)第107856号

书　　名：山东省公路安全生命防护工程实施技术指南(试行)
著 作 者：山东省交通运输厅公路局
山东省交通规划设计院
交通运输部公路科学研究院
责任编辑：黎小东
责任校对：刘　芹
责任印制：张　凯
出版发行：人民交通出版社股份有限公司
地　　址：(100011)北京市朝阳区安定门外外馆斜街3号
网　　址：http://www.ccpress.com.cn
销售电话：(010)59757973
总 经 销：人民交通出版社股份有限公司发行部
经　　销：各地新华书店
印　　刷：北京市密东印刷有限公司
开　　本：880×1230　1/16
印　　张：7.25
字　　数：135千
版　　次：2018年6月　第1版
印　　次：2018年6月　第1次印刷
书　　号：ISBN 978-7-114-14751-7
定　　价：80.00元

前　　言

2014 年 11 月，国务院办公厅发布《国务院办公厅关于实施公路安全生命防护工程的意见》(国办发〔2014〕55 号)，决定在全国实施公路安全生命防护工程。要求通过全面排查治理现有公路安全隐患、严格规范公路工程安全设施建设、大力推进公路安全综合治理等三项措施，全面提升公路安全水平。

为在山东省推广公路安全生命防护工程，提高生命防护工程措施的针对性和可操作性，山东省交通运输厅公路局组织编制了《山东省公路安全生命防护工程实施技术指南》(以下简称《指南》)。

《指南》总结了十年来普通公路安全保障工程经验；借鉴和吸收了部颁《公路安全生命防护工程实施技术指南(试行)》和安全生命防护工程示范路设计实施成果；重点解决了不同功能和等级公路排查方法的差异性，不同危险程度路段处置措施的层次性与合理性，以及不同设计人员对安全生命防护理解不同而导致的排查深度、精度，处置措施的标准、规范性不一致的问题。《指南》的主要内容包括判定原则及标准、路段排查、分级处置对策、常用设施设置技术、工程处置案例和设计文件要求等。《指南》给出的分级标准、处置措施、设施设置技术，各地可根据实际情况选用，同时鼓励各地区结合当地实际采用更严格的措施和技术标准。

《指南》中不足之处在所难免，希望各地在使用过程中及时将发现的问题或建议反馈至山东省交通规划设计院(地址：济南市无影山西路 576 号，邮编：250031)、山东省交通运输厅公路局(地址：济南市舜耕路 19 号，邮编：250002)和交通运输部公路科学研究院(地址：北京市海淀区西土城路 8 号，邮编：100088)，以便进一步修订和完善。

主编单位： 山东省交通运输厅公路局
山东省交通规划设计院
交通运输部公路科学研究院

主要起草人员：

山东省交通运输厅公路局：周玉波　张瑞华　刘卫民　曲建波　马晓燕
余　波　焦鹏飞　黄　炜　陈　博　袁春健
孙　杰　李传杰　景　峰

山东省交通规划设计院：毕玉峰　房培阳　张军方　秦　瑾　刘庆元
王延锋　宋晓莉　赵庆云　王海山

交通运输部公路科学研究院：侯德藻　刘洪启　张　园　杨曼娟　谢　军
于海霞

主要审查人员：于培科　李英勇　尚　勇　张汝华　张英杰　陈宝强　赵兴奎

目　　录

1 总则

1.1 目的

为指导山东省公路安全生命防护工程的实施工作，提高现有公路交通安全保障水平，特制定本指南。

1.2 实施原则

公路安全生命防护工程的设计应按照“安全、有效、经济、实用”的原则，有层次、有重点地划分危险路段等级并进行分级处置，避免盲目设防、过度设防和遗留隐患，同时保持全省公路安全防护工程处置标准统一，减少因设计人员对公路安全生命防护理解不同而导致处置措施选取的差异。

在公路安全生命防护工程设计中，鼓励采用经过论证的新技术、新材料、新工艺、新产品，鼓励采用经过有效实践且经济适用的乡土化安全保障技术。

1.3 实施目标

通过对现有公路安全生命防护工程的排查与设计，区分轻重缓急，在现有财力情况下，充分发挥各种安全生命防护措施的组合应用效果，最大限度地降低交通事故损失，提高现有公路交通安全保障水平。

1.4 总体要求

(1)现有一级、二级公路安全生命防护工程设计应先进行风险评估(条件识别)，依据风险评估(条件识别)结果，结合当地经济社会发展情况，确定危险路段分级和对应处置对策，编制实施方案，最后依据实施方案进行现场勘查、校核，完成设计。

(2)现有三级、四级公路安全生命防护工程设计应对其进行指标综合判别(风险评估)，依据综合判别(风险评估)结果，结合当地经济社会发展情况确定生命防护工程实施路段、制定分级处置对策，编制实施方案；依据实施方案进行现场勘查、校核，完成设计。方案编制和设计应优先考虑通客运、通校车的路段，旅游路线以及人口密集区域人车混行、交通流量大的路段。

(3)不能明确公路技术等级、设计速度时，应根据平纵线形、公路宽度以及以往改造情况评估、论证并拟定技术等级、设计速度。

1.5　适用范围

本指南适用于山东省现有普通国省道公路安全生命防护工程的排查、实施方案编制和施工图设计，县乡公路可参照执行。现有公路新建、改建、扩建还应严格遵守有关技术规范。

2 术语

2.1 公路路线相关术语与解释

(1)圆曲线

公路平面走向改变方向或竖向改变坡度时，所设置的连接两相邻直线段的圆弧形曲线。

(2)回头曲线

山区公路在同一坡面上回头展线时所采用的回转曲线。

(3)纵坡

路线纵断面上同一坡段两点间的高差与其水平距离之比，以百分率表示。

(4)变坡点

路线纵断面上两相邻坡度线的相交点。

(5)平均纵坡

含若干坡段的路段两端点的高差与该路段长度的比值。

(6)视距

在车辆正常行驶中，驾驶员从正常驾驶位置能连续看到公路前方行车道范围内路面上一定高度障碍物，或者看到公路前方交通设施、路面标线的最远距离。

公路行车视距主要包括停车视距、超车视距、会车视距等。其中：

停车视距是指车辆以一定速度行驶中，驾驶员自看到前方障碍物时起，至到达障碍物前安全停车止所需要的最短行驶距离。

会车视距是指在同一车道上对向行驶车辆，为避免发生迎面相撞，自车辆在行驶过程中发现对向来车起，至驾驶员采取合理的减速操作后两车安全停止、不发生相撞所需的最短行驶距离。

超车视距是指在需要临时占用对向车道完成超车的公路上，后车超越前车过程中，自开始驶离原车道起，至可见对向来车并能超车后安全驶回原车道所需的最短行驶距离。

(7)公路路肩

位于车行道外缘至路基边缘，具有一定宽度的带状部分(包括硬路肩和土路肩)；

其作用是为保持车行道的功能和供临时停车使用，并作为路面的横向支承。

硬路肩与车行道相邻，具有一定路面强度，可为行车提供侧向余宽，为路面结构提供横向保护，为故障车辆紧急停车提供全部或者部分宽度等。

土路肩为各类护栏、交通标志等设施提供设置空间。

(8)错车道

在单车道公路上，可通视的一定距离内，供车辆交错避让用的一段加宽车道。

(9)设计速度

确定公路设计指标并使其相互协调的设计基准速度。

(10)运行速度

路面平整、潮湿，自由流状态下，行驶速度累计分布曲线上对应于85%分位值的速度。

(11)限制速度

对公路上行驶车辆规定的允许行驶速度的限值。

(12)交通量

在单位时间内通过公路某一断面的车辆数。年平均日交通量为全年的日交通量观测结果的平均值。

2.2 公路交通安全设施相关术语与解释

(1)公路护栏

设置于公路行车道外侧或中央分隔带的一种带状吸能结构，车辆碰撞时通过自体变形或车辆爬升吸收碰撞能量，从而降低乘员的伤害程度。

公路护栏按照护栏在公路中的纵向设置位置，可分为路基护栏和桥梁护栏；按照护栏在公路中的横向设置位置，可分为路侧护栏和中央分隔带护栏。

(2)护栏标准段

断面结构形式保持不变并在一定长度范围内连续设置的公路护栏结构段。

(3)护栏过渡段

设置于两种不同结构形式或不同防护等级的公路护栏之间、连接平顺、结构刚度平稳过渡的公路护栏结构段。

(4)护栏端头

设置于护栏标准段起始端或结束端的一种吸能结构。

(5)公路护栏安全性能

公路护栏所具有的对碰撞车辆的阻挡功能、缓冲功能和导向功能。其中：

阻挡功能是指公路护栏阻挡碰撞车辆穿越、翻越和跨越的能力。

缓冲功能是指公路护栏降低对碰撞车辆和车内乘员冲击程度的能力。

导向功能是指公路护栏使碰撞车辆向行车方向顺利导出并恢复运行状态的能力。

(6)公路护栏防护等级

按照设计防护能量或设计防护速度对公路护栏安全性能所划分的等级。

(7)设计防护能量

护栏能够安全防护的车辆最大碰撞能量，由车辆总质量、碰撞速度和碰撞角度共同决定。

(8)路侧

本指南中与路侧安全有关的“路侧”是指公路土路肩外缘。

(9)路侧安全净区

公路行车方向最右侧车行道以外、相对平坦、无障碍物、可供失控车辆重新返回正常行驶路线的带状区域。

(10)轮廓标

沿公路土路肩设置的，用以指示公路方向、车行道边界的视线诱导设施。

2.3 平面交叉相关术语与解释

(1)平面交叉

公路与公路在同一平面上相互交叉。

(2)主要公路

平面交叉的相交公路中，功能、等级较高或交通量较大的公路。

(3)次要公路

平面交叉的相交公路中，功能、等级较低或交通量较小的公路。

(4)减速让行控制平面交叉

用减速让行标志标线分配路权，次要公路车辆驾驶人进入平面交叉前必须减速瞭望，确认安全后方可通行的平面交叉。

(5)停车让行控制平面交叉

用停车让行标志标线分配路权，次要公路车辆驾驶人进入平面交叉前必须停车瞭望，确认安全后方可通行的平面交叉。

(6)渠化

在平面交叉通过设置交通标志、标线和交通岛等，引导车流和行人各行其道。

(7)交通岛

为控制车辆行驶方向和保障行人安全，在车道之间设置的高出路面或用标线画出的岛状设施。

交通岛按功能角度可分为导流岛、分隔岛、安全岛、中心岛等，按构造形式可分为标线交通岛、实体交通岛、绿化交通岛等。

(8)标线交通岛

采用路面交通标线表示的交通岛。

(9)实体交通岛

采用路缘石围起、高出路面的交通岛。

(10)分隔岛

设置于平面交叉进口道，用于分隔对向车流和约束车辆行驶轨迹的，高出路面或用标线画出的岛状设施。

(11)转角交通岛

设置于平面交叉转角处分离右转与直行车流的交通岛。

(12)右转道

平面交叉中采用转角交通岛分隔的独立右转的车道。

3 路段排查

3.1 一般规定

(1)公路安全生命防护工程实施前，应采用科学的排查方法对本辖区拟实施的路段进行全面排查，合理确定实施路段，科学判断治理需求，分“轻重缓急”有序制订实施计划。

(2)路段排查时，应结合当地公路交通的实际情况、经济社会发展情况和交通安全改善的需求，选择合适的排查方法，并确保排查结果准确可靠。

(3)本指南推荐的排查方法分为两组，第一组为交通事故风险评估和公路风险评估方法的组合，可以量化评估并以分级的方式直观展示公路的风险水平，适用于基础资料齐全、有风险水平量化分级的需求、计划对风险进行持续跟踪管控的公路；第二组为交通事故多发点段识别和公路条件识别方法的组合，侧重于经验的判断，适用于技术等级偏低、交通量相对较少且经济条件受限的公路。

(4)一、二级公路具有条件时，可采用交通事故风险评估和公路风险评估方法进行排查。若无法取得交通事故数据或数据不能满足要求，无法完成交通事故风险评估时，可仅采用公路风险评估方法进行排查。

(5)三、四级不具备进行风险评估的条件时，可采用交通事故多发点段识别和公路条件识别方法进行排查。若无法取得交通事故数据或数据不能满足要求，无法完成交通事故多发点段识别时，可仅采用公路条件识别方法进行排查。

(6)开展路段排查工作需要搜集的基础资料包括：公路交通事故、公路技术指标、公路路侧指标、公路环境指标、已有安全设施和已实施安全改善工程、交通流量和车辆组成、通校车或客运班线车及其他可能需要的资料。基础资料清单见本指南附录A。

(7)对于基础资料缺失的路段，其公路技术指标、公路路侧指标、公路环境指标、交通流量和车辆组成等资料应以工程实际测量或实地调查为准；测量方法见本指南附录B。

3.2 排查方法

3.2.1 交通事故风险评估

以每年每公里交通事故死亡及受伤总人数为评估指标，量化分析路段交通事故风险程度，计算方法如下：

$$CR = \frac{N}{L \times T} \tag{3.2-1}$$

式中：CR——路段交通事故风险；

N——路段在统计年限内发生的交通事故死亡及受伤总人数，不包括酒驾、毒驾等事故数据；

L——路段的长度(km)，一般按照公路和交通条件类似原则划分路段，如条件类似路段过长，划分时一般不超过1km，简化的做法是可从公路的起点开始，按1km单元依次划分路段；一级公路的两个行车方向分别划分路段，二、三、四级公路按整幅划分路段；

T——事故统计的年限，一般取最近3年；如最近3年内公路条件发生了较大变化，则从变化之时起至评估开展止作为统计年限。

交通事故风险分为五级，用罗马数字Ⅰ、Ⅱ、Ⅲ、Ⅳ、Ⅴ表示。Ⅰ级为低风险，Ⅴ级为高风险；分级标准如表3.2-1所示。

表3.2-1 交通事故风险分级标准

风险等级	风险状况	交通事故风险指标范围
Ⅴ	高	$CR > CR_{90}$
Ⅳ	较高	$CR_{70} < CR \leqslant CR_{90}$
Ⅲ	中	$CR_{50} < CR \leqslant CR_{70}$
Ⅱ	较低	$CR_{30} < CR \leqslant CR_{50}$
Ⅰ	低	$CR \leqslant CR_{30}$

表3.2-1中，CR_{30}、CR_{50}、CR_{70}、CR_{90}分别代表某条公路或某区域路网交通事故风险指标的30%、50%、70%和90%累计百分位值。CR_{30}、CR_{50}、CR_{70}、CR_{90}的推荐值如表3.2-2所示。实际应用中，宜以省或地市为单位，在推荐值的范围内统一确定一组值，作为本省或地市的排查标准数据。

表3.2-2 交通事故风险分级指标推荐值

交通事故风险分级指标	CR_{30}	CR_{50}	CR_{70}	CR_{90}
推荐值	0.05	0.20~0.27	0.33~0.44	1.33~1.77

3.2.2 公路风险评估

按照公路基础和交通条件对交通事故发生概率和可能严重程度的影响模型，量化分析公路交通运行风险。一般按100m间距，对公路进行测量（一级公路的两个行车方向分别划分测量路段，二、三、四级公路按整幅划分测量路段），获得公路条件指标，结合交通条件指标，按照影响模型计算风险分值，用该值代表这100m范围内的公路风险程度。公路风险影响模型的构成及计算方法见图3.2-1。

公路风险分为五级，用罗马数字Ⅰ、Ⅱ、Ⅲ、Ⅳ、Ⅴ表示。Ⅰ级为低风险，Ⅴ级为高风险；分级标准如表3.2-3所示。

表3.2-3 公路风险分级标准

风险等级	风险状况	公路风险指标范围
Ⅴ	高	HR≥23
Ⅳ	较高	13≤HR<23
Ⅲ	中	5≤HR<13
Ⅱ	较低	3≤HR<5
Ⅰ	低	HR<3

3.2.3 交通事故多发点段识别

按照交通管理部门或公路管理部门的交通事故记录，在剔除酒驾、毒驾等事故数据后，符合下列条件之一的，识别为交通事故多发点段：

（1）2km范围内3年发生过1起及以上死亡3人及以上的事故；

（2）500m范围内3年发生过3起及以上死亡事故的路段。

此外，如有交警部门认定，也可确认为交通事故多发点段。

3.2.4 公路条件识别

按照公路实际条件，判别下列指标的符合情况。公路技术指标、公路路侧指标和公路环境指标如有一项不满足要求，均识别为高公路风险路段。

3.2.4.1 公路技术指标

（1）单个小半径弯道。指单个弯道的圆曲线半径R小于或等于表3.2-4所列圆曲线最小半径值，回头曲线的圆曲线半径R小于或等于表3.2-5所列圆曲线最小半径值，且视距小于表3.2-4所列最小停车视距值。

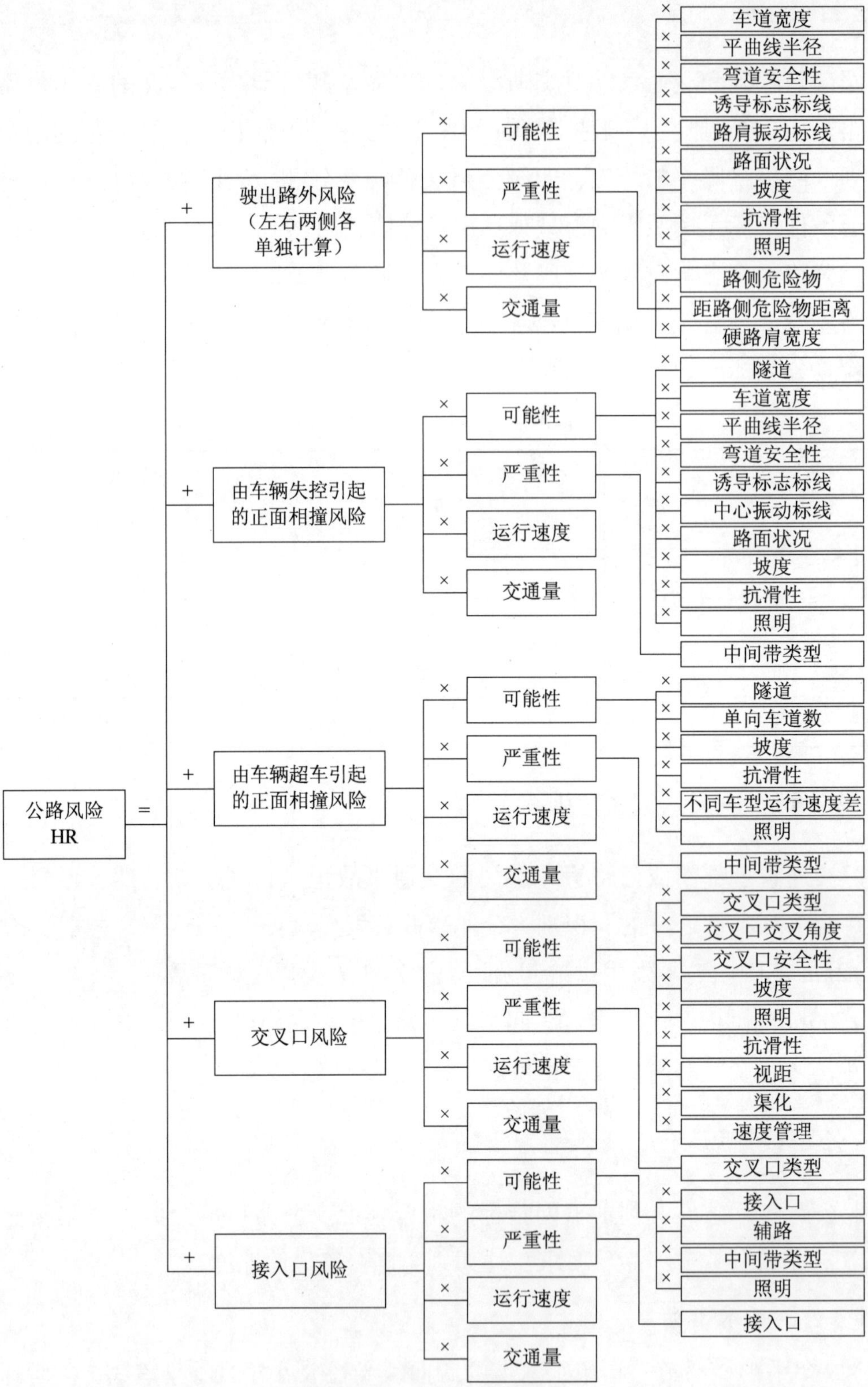

注：“+”表示相加；“×”表示相乘。

图 3.2-1　公路风险影响模型

表 3.2-4 圆曲线最小半径和圆曲线间最小距离

设计速度(km/h)	100	80	60	40	30	20
圆曲线最小半径 R(m)	400	250	125	60	30	15
最小停车视距 S(m)	160	110	75	40	30	20
圆曲线间最小距离 L(m)	200	160	120	80	60	40

表 3.2-5 回头曲线中圆曲线最小半径和回头曲线间最小距离

主线设计速度(km/h)	40		30	20
回头曲线设计速度(km/h)	35	30	25	20
圆曲线最小半径(m)	40	30	20	15
回头曲线间最小距离(m)	200		150	100

(2)连续小半径弯道。指连续有三个或三个以上小于或等于表 3.2-4 所列最小半径的圆曲线，且各圆曲线间的距离小于表 3.2-4 所列圆曲线间最小距离；或连续有两个及两个以上圆曲线半径小于或等于表 3.2-5 所列圆曲线最小半径值的回头曲线，且从一个回头曲线的终点至下一个回头曲线起点的距离小于表 3.2-5 所列回头曲线间最小距离值。

(3)陡坡。指最大纵坡大于表 3.2-6 所列最大纵坡值。

表 3.2-6 最 大 纵 坡

设计速度(km/h)	100	80	60	40	30	20
最大纵坡(%)	4	5	6	7	8	9

(4)连续下坡。指多个下坡连续里程大于 3km，在相对高差为 200 ~ 500m 时平均纵坡大于 5.5%，相对高差大于 500m 时平均纵坡大于 5%。

(5)视距不良。指视距小于表 3.2-7 所列最小会车视距值。

表 3.2-7 最小会车视距

设计速度(km/h)	80	60	40	30	20
最小会车视距(m)	220	150	80	60	40

3.2.4.2 公路路侧指标

(1)路侧险要。指路肩挡墙、陡于 1:3 的填方边坡、路侧陡崖或深沟高度大于 4m，或路侧 3m 内有常水深 0.5m 以上的水体(含江河、湖泊、水库、沟渠)、干线公路、铁路等。

(2)桥梁护栏。桥梁无护栏或为无防护能力的桥梁栏杆，桥梁护栏防撞等级不足或桥面加铺等原因导致护栏防护高度不足，桥梁护栏与路侧护栏连接处存在防护空隙等。

3.2.4.3　公路环境指标

指行人、自行车、摩托车、农用车或周边环境等对行车造成安全隐患，如：平面交叉、支路口、穿村镇路段、街道化、公路条件变化路段(窄桥、路基宽度变化、中央分隔形式变化)等。

3.2.4.4　交通量指标

指含农用车但不含摩托车在内的年平均日交通量大于或等于300 自然辆。本指标仅适用于现有三、四级公路。

3.2.4.5　通行校车或班线车指标

指日常通行核载10 人及以上校车、公交车或班线车。本指标仅适用于现有三、四级公路。

3.3　排查流程

(1)有条件开展交通事故风险评估和公路风险评估的公路，依据风险评估的结果分别确定高交通事故风险路段和高公路风险路段，将两者联合分析确定路段分类清单。如无法取得交通事故数据或数据不能满足要求，可仅依据公路风险评估结果确定路段分类清单。

之后可以选择性地进行开放式沟通和协商，听取公路使用者、沿线居民、不同管理部门等对公路交通安全的看法、处置措施的建议等，最终制订公路安全生命防护工程实施计划。排查流程如图 3.3-1 所示。

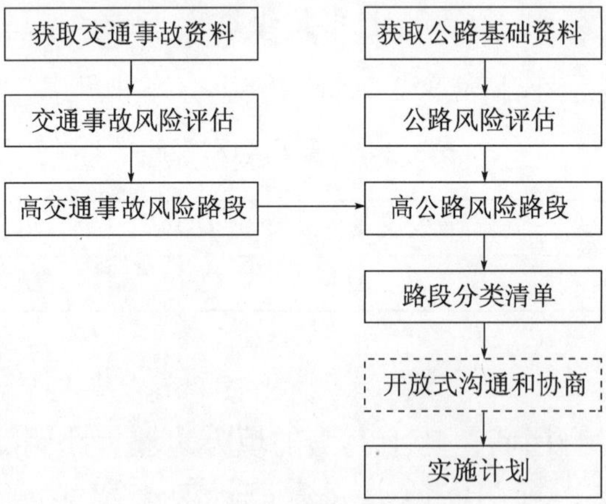

图 3.3-1　交通事故风险评估和公路风险评估排查流程
(虚线框为可选流程)

(2)不具备进行交通事故风险评估和公路风险评估的条件时，可依据交通事故多发点段识别结果和公路条件识别结果，按图 3. 3-2 所示流程开展排查工作，分别确定交通事故多发点段和高公路风险路段后，按后文中表 3. 4-4 或表 3. 4-5 确定路段分类清单、实施顺序并制订实施计划。

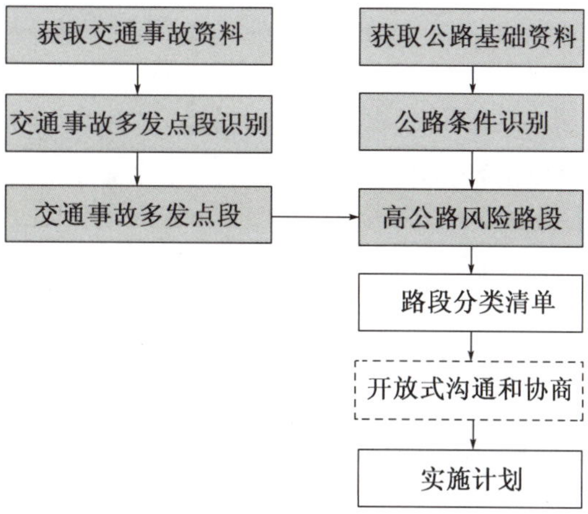

图 3. 3-2 交通事故多发点段识别和公路条件识别排查流程
（虚线框为可选流程）

如无法取得交通事故数据或数据不能满足要求，可仅依据公路条件识别结果确定路段分类清单。

3. 4 路段分类和实施顺序

按照排查结果，对路段进行分类，不同排查方法和流程对应的分类方法如表 3. 4-1 ~ 表 3. 4-5 所示。

(1)采用交通事故风险评估和公路风险评估的方法进行排查，路段分类如表 3. 4-1 所示。A 类路段应优先实施公路安全生命防护工程，其次是 B 类和 C 类路段，优先次序依次降低。

表 3. 4-1 交通事故风险评估和公路风险评估路段分类

公路风险等级	交通事故风险等级				
	Ⅰ	Ⅱ	Ⅲ	Ⅳ	Ⅴ
Ⅰ	D	D	D	C	C
Ⅱ	D	D	D	C	C
Ⅲ	D	D	D	C	C
Ⅳ	B	B	B	A	A
Ⅴ	B	B	B	A	A

(2)采用交通事故风险评估和公路条件识别的方法进行排查，路段分类如表 3. 4-2

所示。A 类路段应优先实施公路安全生命防护工程，其次是 B 类和 C 类路段，优先次序依次降低。

表 3.4-2 以交通事故风险评估和公路条件识别为基础的路段分类

公路条件	交通事故风险等级				
	Ⅰ	Ⅱ	Ⅲ	Ⅳ	Ⅴ
一般条件路段	D	D	D	C	C
高公路风险路段	B	B	B	A	A

(3)采用交通事故多发点段识别和公路风险评估的方法进行排查，路段分类如表 3.4-3 所示。A 类路段应优先实施公路安全生命防护工程，其次是 B 类和 C 类路段，优先次序依次降低。

表 3.4-3 以交通事故多发点段识别和公路风险评估为基础的路段分类

公路风险等级	交通事故多发点段	
	否	是
Ⅰ	D	C
Ⅱ	D	C
Ⅲ	D	C
Ⅳ	B	A
Ⅴ	B	A

(4)现有一、二级公路可采用交通事故多发点段识别和公路条件识别的方法进行排查，路段分类如表 3.4-4 所示。A 类路段应优先实施公路安全生命防护工程，其次是 B 类和 C 类路段，优先次序依次降低。

表 3.4-4 交通事故多发点段识别和公路条件识别路段分类(现有一、二级公路)

类　型	是否为交通事故多发点段	符合公路技术指标	符合公路路侧指标	符合公路环境指标
A	是	符合任意一项		
B	否	符合任意一项		
C	是	否	否	否
D	否	否	否	否

(5)现有三、四级公路可采用交通事故多发点段识别和公路条件识别的方法进行排查，路段分类如表 3.4-5 所示。A 类路段应优先实施公路安全生命防护工程，A.1 类优先级别最高，A.2 和 A.3 类依次降低，其次是 B 类(B.1 到 B.4 优先次序依次降低)路

段，再次是C类路段。

表3.4-5 交通事故多发点段识别和公路条件识别路段分类(现有三、四级公路)

类型		符合事故指标	符合公路技术指标	符合公路路侧指标	符合公路环境指标	符合交通量指标	符合通行校车或班线车指标	备注
A	A.1	\	是	\	\	\	是	通校车或班线车的下限指标路段
	A.2	\	否	是	\	\	是	通校车或班线车的路侧险要路段
	A.3	是	是	\	\	\	\	事故多发的路线指标下限路段
B	B.1	否	是	是	\	是	\	路线指标下限、路侧险要且交通量较大路段
	B.2	否	是	\	是	是	\	路线指标下限、环境复杂且交通量较大路段
	B.3	否	是	是	\	\	\	路线指标下限的路侧险要路段
	B.4	否	是	\	\	\	\	路线指标下限路段
C		是	否	\	\	\	\	公路条件较好但事故多发的路段

注：表中的“\”表示可不考虑该指标符合情况。如无法取得交通事故数据或数据不能满足要求，可将表中A、B类路段“符合事故指标”列统一标为“\”。

4 分级处置对策

现有公路安全生命防护工程分级处置对策是指根据相关定量和定性指标，对安全生命防护工程重点路段按照影响运行安全的危险程度进行分级，根据分级结果，制订组合处置对策。通过分级处置对策的实施，提高处置措施的层次性、合理性和规范性，最大限度地发挥各种安全生命防护设施的组合效果。危险路段等级通常分为三级，为与风险评估分级区分，三个等级分别标识为“一类、二类和三类”，分别对应危险度为“十分危险、一般危险和轻度危险”。

4.1 不良线形

不良线形是指公路平、纵线形不满足现有规范要求的线形，其分级依据现状线形指标确定。

4.1.1 单个弯道

以圆曲线半径为主要分级依据，以弯道视距为辅助决策依据。

4.1.1.1 指标分级

根据设计速度、圆曲线半径，将单个弯道分为三级，具体如表 4.1-1 所示。

表 4.1-1 单个弯道分级表

设计速度(km/h)	半径指标(m)	等　级
100	$R \leq 250$	一类
	$250 < R \leq 400$	二类
	$400 < R \leq 700$	三类
80	$R \leq 125$	一类
	$125 < R \leq 250$	二类
	$250 < R \leq 400$	三类
60	$R \leq 60$	一类
	$60 < R \leq 125$	二类
	$125 < R \leq 200$	三类

续上表

设计速度(km/h)	半径指标(m)	等　级
40	$R\leq30$	一类
	$30<R\leq60$	二类
	$60<R\leq100$	三类
30	$R\leq15$	一类
	$15<R\leq30$	二类
	$30<R\leq65$	三类
20	$R\leq10$	一类
	$10<R\leq15$	二类
	$15<R\leq30$	三类

弯道视距是影响弯道安全的关键指标，在对策制订中应根据是否满足视距要求确定不同的对策措施。弯道视距要求如表4.1-2所示。

表4.1-2　弯道视距要求

设计速度(km/h)	最小停车视距(m)	设计速度(km/h)	最小停车视距(m)
100	160	40	40
80	110	30	30
60	75	20	20

4.1.1.2　分级处置

1)一级公路

一级公路单个弯道分级处置对策如表4.1-3所示。

表4.1-3　一级公路单个弯道分级处置对策

等　级	处置对策	
	弯道视距不满足要求	弯道视距满足要求
一类	①设置急弯与建议限速组合标志； ②进入曲线前方采用彩色防滑铺装设置横向减速振动标线； ③急弯路段设置彩色防滑铺装； ④设置禁止超车标志及标线； ⑤设置线形诱导标； ⑥急弯外侧加强护栏设置； ⑦有条件时开挖视距平台，或局部改线，改善线形、视距条件	①设置横向减速振动标线； ②设置禁止超车标志及标线； ③设置线形诱导标； ④急弯外侧加强护栏设置

续上表

等级	处置对策	
	弯道视距不满足要求	弯道视距满足要求
二类	①设置急弯与建议限速组合标志; ②进入曲线前方采用彩色防滑铺装设置横向减速振动标线; ③设置禁止超车标志及标线; ④设置线形诱导标; ⑤弯道外侧加强护栏设置	①设置禁止超车标志及标线; ②设置线形诱导标; ③急弯外侧加强护栏设置
三类	设置线形诱导标	设置线形诱导标

注：当设计速度 $V \geqslant 60$km/h 时，可不设置急弯警告标志。

2)二级公路

二级公路单个弯道分级处置对策如表 4.1-4 所示。

表 4.1-4　二级公路单个弯道分级处置对策

等级	处置对策	
	弯道视距不满足要求	弯道视距满足要求
一类	①设置急弯与建议限速组合标志; ②进入曲线前方采用彩色防滑铺装设置横向减速振动标线; ③设置禁止超车标志及标线; ④设置线形诱导标; ⑤急弯外侧加强护栏设置; ⑥有条件时开挖视距平台，或局部改线，改善线形、视距条件	①设置横向减速振动标线; ②设置禁止超车标志及标线; ③设置线形诱导标; ④急弯外侧加强护栏设置
二类	①设置急弯与建议限速组合标志; ②设置线形诱导标; ③设置禁止超车标志及标线; ④弯道外侧加强护栏设置	①设置禁止超车标志及标线; ②全段设置示警桩; ③弯道外侧加强护栏设置
三类	—	—

3)三、四级公路

三、四级公路单个弯道分级处置对策如表 4.1-5 所示。

表 4.1-5　三、四级公路单个弯道分级处置对策

等　级	处 置 对 策	
	弯道视距不满足要求	弯道视距满足要求
一类	①设置急弯与建议限速组合标志； ②设置禁止超车标志及标线； ③设置线形诱导标； ④加宽弯道路面宽度； ⑤傍山视距不足路段，开挖视距平台；经论证不具备开挖视距平台条件时可设置凸面镜	①设置禁止超车标志及标线； ②全段设置示警桩； ③加宽弯道路面宽度
二类	①设置急弯与建议限速组合标志； ②设置线形诱导标； ③设置禁止超车标志及标线	①设置禁止超车标志及标线； ②全段设置示警桩
三类	—	—

4.1.2　连续弯道

4.1.2.1　指标分级

连续弯道是指有三个或三个以上连续小于下列半径(R)的反向圆曲线，且各圆曲线间的直线长度(L)小于下列长度的路段：

- 设计速度 100km/h，$R \leqslant 700$，$L \leqslant 200$；
- 设计速度 80km/h，$R \leqslant 400$，$L \leqslant 160$；
- 设计速度 60km/h，$R \leqslant 200$，$L \leqslant 120$；
- 设计速度 40km/h，$R \leqslant 100$，$L \leqslant 80$；
- 设计速度 30km/h，$R \leqslant 65$，$L \leqslant 60$；
- 设计速度 20km/h，$R \leqslant 30$，$L \leqslant 40$。

根据设计速度和急弯半径大小，将弯道等级分为三级，具体如表 4.1-6 所示。

表 4.1-6　连续弯道指标分级

设计速度(km/h)	连续弯道中最小的半径(m)	等　级
100	$R \leqslant 250$	一类
	$R \leqslant 400$	二类
	$R \leqslant 700$	三类
80	$R \leqslant 125$	一类
	$R \leqslant 250$	二类
	$R \leqslant 400$	三类

续上表

设计速度(km/h)	连续弯道中最小的半径(m)	等　级
60	$R \leqslant 60$	一类
	$R \leqslant 125$	二类
	$R \leqslant 200$	三类
40	$R \leqslant 30$	一类
	$R \leqslant 60$	二类
	$R \leqslant 100$	三类
30	$R \leqslant 15$	一类
	$R \leqslant 30$	二类
	$R \leqslant 65$	三类
20	$R \leqslant 10$	一类
	$R \leqslant 15$	二类
	$R \leqslant 30$	三类

4.1.2.2　分级处置

1)一级公路

一级公路连续弯道分级处置对策如表4.1-7所示。

表4.1-7　一级公路连续弯道分级处置对策

等　级	处 置 对 策
一类	①设置连续弯路与建议限速组合标志; ②第一个曲线前方采用彩色防滑铺装设置横向减速振动标线; ③第一个曲线半径小于单个弯道一类半径值时,在第一个曲线路段设置彩色防滑铺装; ④设置禁止超车标志及标线; ⑤设置线形诱导标; ⑥弯道外侧加强护栏设置
二类	①设置连续弯路与建议限速组合标志; ②第一个曲线前方采用彩色防滑铺装设置横向减速振动标线; ③设置禁止超车标志及标线; ④设置线形诱导标; ⑤弯道外侧加强护栏设置
三类	设置线形诱导标

2)二级公路

二级公路连续弯道分级处置对策如表4.1-8所示。

表 4.1-8 二级公路连续弯道分级处置对策

等级	处置对策
一类	①设置连续弯路与建议限速组合标志； ②第一个曲线前方采用彩色防滑铺装设置横向减速振动标线； ③设置禁止超车标志及标线； ④设置线形诱导标； ⑤急弯外侧加强护栏设置
二类	①设置连续弯路与建议限速组合标志； ②第一个曲线前方采用彩色防滑铺装设置横向减速振动标线； ③弯道外侧加强护栏设置
三类	—

3)三、四级公路

三、四级公路连续弯道分级处置对策如表 4.1-9 所示。

表 4.1-9 三、四级公路连续弯道分级处置对策

等级	处置对策
一类	①设置连续弯路与建议限速组合标志； ②设置禁止超车标志及标线； ③设置线形诱导标； ④半径小于单个弯道一类半径值时，加宽路面宽度； ⑤傍山视距不足路段，开挖视距平台；经论证不具备开挖视距平台条件时可设置凸面镜
二类	①设置连续弯路与建议限速组合标志； ②设置禁止超车标志及标线
三类	—

4.1.3 陡坡

4.1.3.1 指标分级

陡坡路段等级分级依据设计速度、坡度指标确定，具体如表 4.1-10 所示。

表 4.1-10 陡坡路段指标分级

设计速度(km/h)	坡度指标(%)	等级
100	$i>5$	一类
	$i>4$	二类
	$i>3$	三类

续上表

设计速度(km/h)	坡度指标(%)	等　级
80	$i>6$	一类
	$i>5$	二类
	$i>4$	三类
60	$i>7$	一类
	$i>6$	二类
	$i>5$	三类
40 30 20	$i>8$	一类
	$i>7$	二类
	$i>6$	三类

4.1.3.2　分级处置

1)一级公路

一级公路陡坡路段分级处置对策如表4.1-11所示。

表4.1-11　一级公路陡坡路段分级处置对策

等　级	处置对策
一类	①设置陡坡与建议限速组合标志; ②下坡路段采用彩色防滑铺装设置横向减速振动标线; ③设置禁止超车标志及标线; ④下陡坡路段护栏防护等级提升一级
二类	①下坡路段采用彩色防滑铺装设置横向减速振动标线; ②设置禁止超车标志及标线; ③下坡路段护栏防护等级提升一级
三类	①下坡路段采用彩色防滑铺装设置横向减速振动标线; ②设置禁止超车标志及标线

2)二级公路

二级公路陡坡路段分级处置对策如表4.1-12所示。

表4.1-12　二级公路陡坡路段分级处置对策

等　级	处置对策
一类	①设置陡坡与建议限速组合标志; ②下坡路段采用彩色防滑铺装设置横向减速振动标线; ③设置禁止超车标志及标线; ④下陡坡路段护栏防护等级提升一级

续上表

等　　级	处 置 对 策
二类	①设置禁止超车标志及标线； ②下坡路段护栏防护等级提升一级
三类	设置禁止超车标志及标线

3）三、四级公路

三、四级公路陡坡路段分级处置对策如表4.1-13所示。

表4.1-13　三、四级公路陡坡路段分级处置对策

等　　级	处 置 对 策
一类	①设置陡坡与建议限速组合标志； ②双车道路段设置禁止超车标志及标线
二类、三类	设置禁止超车标志及标线

4.1.4　连续下坡

4.1.4.1　指标分级

根据平均纵坡及坡长，将连续下坡等级分为三级，具体如表4.1-14所示。

表4.1-14　连续下坡路段指标分级

平均坡度（%）	坡长（km）	等　　级
2.5	$L\geq 20.0$	一类
	$7.5\leq L<20.0$	二类
	$3\leq L<7.5$	三类
3	$L\geq 14.8$	一类
	$3.5\leq L<14.8$	二类
	$1.2\leq L<3.5$	三类
3.5	$L\geq 9.3$	一类
	$3.0\leq L<9.3$	二类
	$1.1\leq L<3$	三类
4	$L\geq 6.8$	一类
	$2.5\leq L<6.8$	二类
	$1\leq L<2.5$	三类
4.5	$L\geq 5.4$	一类
	$2.0\leq L<5.4$	二类
	$0.9\leq L<2.0$	三类

续上表

平均坡度(%)	坡长(km)	等级
5	$L \geq 4.4$	一类
	$2.0 \leq L < 4.4$	二类
	$0.8 \leq L < 2.0$	三类
5.5	$L \geq 3.8$	一类
	$2.0 \leq L < 3.8$	二类
	$0.7 \leq L < 2.0$	三类
6、7、8	$L \geq 3.3$	一类
	$2.0 \leq L < 3.3$	二类
	$0.6 \leq L < 2.0$	三类

4.1.4.2 分级处置

1)一级公路

一级公路连续下坡分级处置对策如表 4.1-15 所示。

表 4.1-15 一级公路连续下坡分级处置对策

等级	处置对策
一类	①一级公路和设计速度大于或等于60km/h的公路设置连续下坡告示牌，说明连续下坡信息； ②与连续下坡告示标志配合设置建议限速标志； ③设置禁止超车标志及标线； ④因制动失效而事故频发路段可根据地形条件设置避险车道； ⑤利用路侧空间设置车辆检修区、紧急停车带； ⑥连续下坡中下部路侧护栏防护等级提升一级
二类	①一级公路和设计速度大于或等于60km/h的公路设置连续下坡告示牌，说明连续下坡信息； ②与连续下坡告示标志配合设置建议限速标志； ③设置禁止超车标志及标线； ④利用路侧空间设置车辆检修区、紧急停车带； ⑤连续下坡中下部路侧护栏防护等级提升一级
三类	①设置连续下坡警告标志与建议限速标志组合标志； ②设置禁止超车标志及标线； ③连续下坡中下部路侧护栏防护等级提升一级

2)二级公路

二级公路连续下坡分级处置对策如表 4.1-16 所示。

表 4.1-16 二级公路连续下坡分级处置对策

等 级	处 置 对 策
一类	①设置连续下坡警告标志与建议限速标志组合标志； ②设置禁止超车标志及标线； ③利用路侧空间设置车辆检修区、紧急停车带； ④连续下坡中下部路侧护栏防护等级提升一级
二类	①设置连续下坡警告标志与建议限速标志组合标志； ②设置禁止超车标志及标线； ③利用路侧空间设置车辆检修区、紧急停车带
三类	①设置连续下坡警告标志与建议限速标志组合标志； ②设置禁止超车标志及标线

3）三、四级公路

三、四级公路连续下坡分级处置对策如表 4.1-17 所示。

表 4.1-17 三、四级公路连续下坡分级处置对策

等 级	处 置 对 策
一类、二类	①设置连续下坡警告标志与建议限速标志组合标志； ②双车道路段设置禁止超车标志及标线； ③利用路侧空间设置车辆检修区、紧急停车带
三类	①设置连续下坡警告标志与建议限速标志组合标志； ②设置禁止超车标志及标线

4.1.5 弯道陡坡组合

以纵坡坡度和圆曲线半径为主要分级依据，以弯道视距为辅助决策依据。

4.1.5.1 指标分级

弯道陡坡组合依据设计速度、纵坡坡度和圆曲线半径进行分级，具体如表 4.1-18 所示。

表 4.1-18 弯道陡坡路段指标分级

设计速度（km/h）	纵坡（%）	圆曲线半径（m）	等 级
100	$i \geq 4$	$R \leq 250$	一类
		$250 < R \leq 400$	二类
		$400 < R \leq 700$	三类

续上表

设计速度(km/h)	纵坡(%)	圆曲线半径(m)	等　级
80	$i \geqslant 5$	$R \leqslant 125$	一类
		$125 < R \leqslant 250$	二类
		$250 < R \leqslant 400$	三类
60	$i \geqslant 6$	$R \leqslant 60$	一类
		$60 < R \leqslant 125$	二类
		$125 < R \leqslant 200$	三类
40	$i \geqslant 7$	$R \leqslant 30$	一类
		$30 < R \leqslant 60$	二类
		$60 < R \leqslant 100$	三类
30	$i \geqslant 7$	$R \leqslant 15$	一类
		$15 < R \leqslant 30$	二类
		$30 < R \leqslant 65$	三类
20	$i \geqslant 7$	$R \leqslant 10$	一类
		$10 < R \leqslant 15$	二类
		$15 < R \leqslant 30$	三类

4.1.5.2　分级处置

1)一级公路

一级公路弯道陡坡路段分级处置对策如表4.1-19所示。

表4.1-19　一级公路弯道陡坡路段分级处置对策

等　级	处置对策	
	弯道视距不满足要求	弯道视距满足要求
一类	①设置急弯下坡告示标志，并组合设置建议限速标志； ②曲线前方和陡坡路段采用彩色防滑铺装设置横向减速振动标线； ③急弯路段设置彩色防滑铺装； ④设置禁止超车标志及标线； ⑤设置线形诱导标； ⑥弯道外侧护栏防护等级提高一级； ⑦有条件时开挖视距平台，或局部改线，改善线形、视距条件	①设置急弯下坡告示标志； ②曲线前方和陡坡路段采用彩色防滑铺装设置横向减速振动标线； ③设置禁止超车标志及标线； ④设置线形诱导标； ⑤弯道外侧护栏防护等级提高一级

续上表

等 级	处置对策	
	弯道视距不满足要求	弯道视距满足要求
二类	①设置急弯下坡告示标志，并组合设置建议限速标志； ②曲线前方和陡坡路段采用彩色防滑铺装设置横向减速振动标线； ③设置禁止超车标志及标线； ④设置线形诱导标； ⑤弯道外侧护栏防护等级提高一级	①设置急弯下坡告示标志； ②设置禁止超车标志及标线； ③设置线形诱导标； ④弯道外侧护栏防护等级提高一级
三类	①设置下陡坡警告标志； ②陡坡路段采用彩色防滑铺装设置横向减速振动标线； ③设置线形诱导标； ④设置禁止超车标志及标线	①设置下陡坡警告标志； ②设置线形诱导标； ③设置禁止超车标志及标线

2)二级公路

二级公路道弯道陡坡路段分级处置对策如表4.1-20所示。

表4.1-20 二级公路道弯道陡坡路段分级处置对策

等 级	处置对策	
	弯道视距不满足要求	弯道视距满足要求
一类	①设置急弯下坡组合警告标志，并组合设置建议限速标志； ②进入曲线前方和陡坡路段采用彩色防滑铺装设置横向减速振动标线； ③设置禁止超车标志及标线； ④设置线形诱导标； ⑤弯道外侧护栏防护等级提高一级	①设置下陡坡警告标志； ②设置禁止超车标志及标线； ③设置线形诱导标； ④弯道外侧护栏防护等级提高一级
二类	①设置急弯下坡组合警告标志，并组合设置建议限速标志； ②设置禁止超车标志及标线； ③弯道外侧护栏防护等级提高一级	①设置下陡坡警告标志； ②设置禁止超车标志及标线； ③设置线形诱导标； ④弯道外侧护栏防护等级提高一级
三类	①设置下陡坡警告标志； ②设置线形诱导标； ③设置禁止超车标志及标线	①设置下陡坡警告标志； ②全段设置示警桩； ③设置禁止超车标志及标线

3)三、四级公路

三、四级公路弯道陡坡路段分级处置对策如表4.1-21所示。

表4.1-21　三、四级公路弯道陡坡路段分级处置对策

等　级	处置对策	
	弯道视距不满足要求	弯道视距满足要求
一类	①设置急弯、陡坡与建议限速组合标志； ②设置禁止超车标志及标线； ③设置线形诱导标； ④加宽弯道路面宽度； ⑤傍山视距不足路段，开挖视距平台；经论证不具备开挖视距平台条件时可设置凸面镜	①设置下陡坡警告标志； ②设置禁止超车标志及标线； ③全段设置示警桩； ④加宽弯道路面宽度
二类	①设置急弯、陡坡与建议限速组合标志； ②设置禁止超车标志及标线； ③全段设置示警桩	①设置下陡坡警告标志； ②设置禁止超车标志及标线； ③全段设置示警桩
三类	①设置下陡坡警告标志； ②设置禁止超车标志及标线； ③全段设置示警桩	①设置下陡坡警告标志； ②设置禁止超车标志及标线； ③全段设置示警桩

4.1.6　桥头接弯道

4.1.6.1　指标分级

桥头接弯道指标分级参照单个弯道指标分级确定。

4.1.6.2　分级处置

桥头接弯道分级处置措施按照单个弯道分级处置措施选取，并采取如下措施。

1)一、二级公路

一、二级公路桥头接弯道分级处置对策如表4.1-22所示。

表4.1-22　一、二级公路桥头接弯道分级处置对策

等　级	处置对策
一类	①建议限速值比单个弯道建议限速值降低一档(10～20km/h)，且限速后的限速值应不小于20km/h； ②加强路基护栏与桥梁护栏之间的过渡或将桥梁护栏延长外展，提高防撞护栏等级； ③在护栏上间隔2m设置反光标记； ④桥头弯道增设减速振动标线； ⑤桥头设置警示标志，警示标志宜为主动发光式

续上表

等级	处置对策
二类	①建议限速值比单个弯道建议限速值降低一档； ②加强路基护栏与桥梁护栏之间的过渡或将桥梁护栏延长外展，提高防撞护栏等级； ③在护栏上间隔4m设置反光标记； ④桥头弯道增设减速振动标线； ⑤桥头设置警示标志
三类	①桥头设置警示标志； ②加强路基护栏与桥梁护栏之间的过渡或将桥梁护栏延长外展

2)三、四级公路

三、四级公路桥头接弯道分级处置对策如表4.1-23所示。

表4.1-23 三、四级公路桥头接弯道分级处置对策

等级	处置对策
一类、二类	①加强基护栏与桥梁护栏之间的过渡或将桥梁护栏延长外展； ②在护栏上间隔2m设置反光标记； ③桥头设置警示标志，警示标志宜为主动发光式
三类	桥头设置警示标志

4.2 路侧险要

4.2.1 指标分级

一般路段根据路侧净区内路侧深度(H)、边坡坡度(i)及净区内障碍物情况确定路侧险要危险等级。公路路侧险要路段指标分级如表4.2-1所示。

表4.2-1 公路路侧险要路段指标分级

路侧净区宽度范围内有以下情况	等级
高速铁路、高速公路、高压输电线塔、危险品储藏仓库等设施	一类
①二级及二级以上公路边坡坡度和路堤高度在图4.2-1的Ⅰ区、Ⅱ区阴影范围之内的路段，三、四级公路路侧有深度30m以上的悬崖、深谷、深沟等的路段； ②江、河、湖、海、沼泽等水深1.5m以上水域； ③Ⅰ级铁路、一级公路等； ④一级公路路外设有车辆不能安全越过的照明灯、摄像机、交通标志、声屏障、上跨桥梁的桥墩或桥台、隧道入口处的检修道或洞门等设施	二类

续上表

路侧净区宽度范围内有以下情况	等　级
①二级及二级以上公路边坡坡度和路堤高度在图4.2-1的Ⅲ区阴影范围之内的路段;三、四级公路边坡坡度和路堤高度在图4.2-1的Ⅰ区阴影范围之内的路段; ②二级及二级以上等级公路路侧边沟无盖板、车辆无法安全越过的挖方路段; ③高出路面或开挖的边坡坡面有30cm以上的混凝土基础或大孤石等障碍物; ④出口匝道的三角地带有障碍物	三类

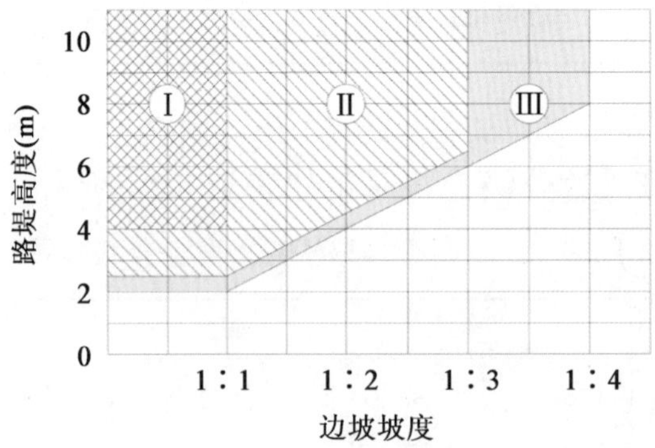

图4.2-1　边坡坡度、路堤高度与设置护栏的关系

4.2.2　分级处置

(1)一般路段根据路侧净区内路侧深度(H)、边坡坡度(i)及净区内障碍物情况及净区内障碍物情况，护栏防护等级应不低于表4.2-2的规定。

表4.2-2　路侧险要路段分级处置对策

等　级	公路技术等级	设计速度(km/h)	防护等级(代码)
一类	一级公路	100、80	五(SA)级
	一级公路	60	四(SB)级
	二级公路	80、60	四(SB)级
	三级公路	40	三(A)级
	三、四级公路	30、20	二(B)级
二类	一级公路	100、80	四(SB)级
	一级公路	60	三(A)级
	二级公路	80、60	三(A)级
	三、四级公路	40、30、20	一(C)级
三类	一级公路	100、80、60	三(A)级
	二级公路	80、60	二(B)级
	三、四级公路	40、30、20	一(C)级

(2)存在下列情况时，导致事故发生可能性增加或后果更严重的路段，路侧护栏的防护等级宜在表4.2-2的基础上提高1个等级：

①二级及以上公路纵坡大于或等于现行《公路工程技术标准》(JTG B01)规定的最大纵坡值的下坡路段；二级及以上公路圆曲线半径等于或小于现行《公路工程技术标准》(JTG B01)规定的最小半径的路段外侧。

②设计交通量中，总质量大于或等于25t的车辆自然数所占比例大于20%时。

③年平均日设计交通量(AADT)小于2000辆小客车且设计速度小于或等于60km/h的公路，宜进行交通安全及经济综合分析确定是否设置护栏及护栏的防护等级。需要设置护栏时，其防护等级可在表4.2-2的基础上降1个等级，但不得低于一(C)级。年平均日设计交通量(AADT)小于400辆的单车道四级公路，宜采取诱导和警示的措施。

4.3　桥梁护栏

4.3.1　指标分级

依据车辆驶出桥外可能造成的事故严重程度等级，将桥梁护栏分为三级，如表4.3-1所示。

表4.3-1　桥梁护栏指标分级

分级标准	等　级
①跨越高速铁路、高速公路、干线公路路段； ②跨越重要饮水源地(含一级保护区)和南水北调输水干线等敏感水域	一类
跨越集散及以下普通公路、普通铁路桥梁	二类
其他桥梁	三类

4.3.2　分级处置

(1)一般路段桥梁护栏分级处置对策按照表4.3-2选取。

表4.3-2　桥梁护栏分级处置对策

等　级	一级公路		二级公路	三级公路	四级公路
	100km/h、80km/h	60km/h	80km/h、60km/h	40km/h、30km/h	20km/h
一类	五(SA、SAm)级	四(SB、SBm)级	四(SB)级	四(SB)级	四(SB)级
二类	五(SA、SAm)级	四(SB、SBm)级	四(SB)级	三(A)级	三(A)级
三类	四(SB、SBm)级	三(A、Am)级	三(A)级	二(B)级	二(B)级

(2)存在下列情况时，经综合论证，护栏的防护等级可在表4.3-2的基础上提高1个或1个以上等级：

①位于连续长下坡路段；右转平曲线半径接近或等于现行《公路工程技术标准》(JTG B01)规定的最小半径值的路段(中央分隔带护栏)；左转平曲线半径接近或等于最小半径值的路段外侧(路侧护栏)。

②桥梁高度在30m及以上。

③设计交通量中，总质量超过25t的车辆自然数所占比例大于20%。

4.4 平面交叉

4.4.1 指标分级

影响平面交叉安全的主要因素包括交叉角、平纵线形、视距、渠化完善性及合理性等。此外，不同功能和等级公路的平面交叉由于在车辆构成、驾驶人属性等方面的不同，其主要的危险因素也存在较大的差异。因此，本部分针对不同功能等级和技术等级交叉分别确定危险度分级，分级指标采用定量和定性相结合的方式。

4.4.1.1 一、二级公路与一、二级公路交叉

1)一类交叉

满足以下条件之一的平面交叉归为一类交叉：

(1)交叉角度小于45°；

(2)平面交叉渠化设计范围内(或距离交叉点100m范围内)纵坡不满足表4.4-1条件；

表4.4-1 平面交叉点最大纵坡

设计速度(km/h)	100	80	60	40	30	20
最大坡度(%)	2.5	3	3.5	4	4.5	5.5

(3)平面交叉渠化设计范围内(或距离交叉点100m范围内)存在超高值大于3%的曲线及其对应的缓和曲线；

(4)平面交叉视距不能满足控制方式的要求；

(5)公路风险评估为Ⅴ级。

2)二类交叉

满足以下条件之一且不属于一类交叉的平面交叉归为二类交叉：

(1)交叉角度小于70°；

(2)平面交叉渠化设计范围内(或距离交叉点100m范围内)纵坡不满足表4.4-2条件;

表4.4-2 平面交叉点最大纵坡

设计速度(km/h)	100	80	60	40	30	20
最大坡度(%)	2	2.5	3	3.5	4	5

(3)平面交叉渠化设计范围内(或距离交叉点100m范围内)存在超高的曲线及其对应的缓和曲线;

(4)未根据需要设置针对性的渠化标志标线,如导向箭头、导向车道线等;

(5)公路风险评估为Ⅳ级。

3)三类交叉

满足以下条件之一且不属于一类和二类交叉的平面交叉归为三类交叉:

(1)渠化标线不完善或不正确;

(2)未划分路权,无路权控制设施,如信号灯、停车让行标志标线、减速让行标志标线等。

4.4.1.2 一、二级公路与三、四级公路交叉

1)一类交叉

满足以下条件之一的平面交叉归为一类交叉:

(1)交叉角度小于45°;

(2)平面交叉渠化设计范围内(或距离交叉点100m范围内)纵坡不满足表4.4-3条件;

表4.4-3 平面交叉点最大纵坡

设计速度(km/h)	100	80	60	40	30	20
最大坡度(%)	2.5	3	3.5	4	4.5	5.5

(3)平面交叉渠化设计范围内(或距离交叉点100m范围内)存在超高值大于3%的曲线及其对应的缓和曲线;

(4)平面交叉视距不能满足控制方式的要求;

(5)公路风险评估为Ⅴ级。

2)二类交叉

满足以下条件之一且不属于一类交叉的平面交叉归为二类交叉:

(1)交叉角度小于70°;

(2)平面交叉渠化设计范围内(或一、二级公路距离交叉点100m,三、四级及公路

距离交叉点 50m 范围内)纵坡不满足表 4.4-4 条件;

表 4.4-4 平面交叉点最大纵坡

设计速度(km/h)	100	80	60	40	30	20
最大坡度(%)	2	2.5	3	3.5	4	5

(3)平面交叉渠化设计范围内(或一、二级公路距离交叉点 100m,三、四级及公路距离交叉点 50m 范围内)存在超高的曲线及其对应的缓和曲线;

(4)未根据需要设置针对性的渠化标志标线,如导向箭头、导向车道线等;

(5)公路风险评估为Ⅳ级。

3)三类交叉

满足以下条件之一且不属于一类和二类交叉的平面交叉归为三类交叉:

(1)渠化标线不完善或不正确;

(2)未划分路权,无路权控制设施,如信号灯、停车让行标志标线、减速让行标志标线等;

(3)未根据需要设置转角交通岛、专用转弯辅助车道。

4.4.1.3 三、四级公路与三、四级公路交叉

1)一类交叉

满足以下条件之一的平面交叉归为一类交叉:

(1)交叉角度小于 45°;

(2)平面交叉渠化设计范围内(或距离交叉点 50m 范围内)纵坡不满足表 4.4-5 条件;

表 4.4-5 平面交叉点最大纵坡

设计速度(km/h)	80	60	40	30	20
最大坡度(%)	3	3.5	4	4.5	5.5

(3)平面交叉渠化设计范围内(或距离交叉点 50m 范围内)存在超高值大于 3% 的曲线及其对应的缓和曲线;

(4)平面交叉视距不能满足控制方式的要求;

(5)公路风险评估为Ⅴ级。

2)二类交叉

满足以下条件之一且不属于一类交叉的平面交叉归为二类交叉:

(1)交叉角度小于 70°;

(2)平面交叉渠化设计范围内(或距离交叉点 50m 范围内)纵坡不满足表 4.4-6 条件;

表 4.4-6　平面交叉点最大纵坡

设计速度(km/h)	80	60	40	30	20
最大坡度(%)	2.5	3	3.5	4	5

(3)平面交叉渠化设计范围内(或距离交叉点 50m 范围内)存在超高的曲线及其对应的缓和曲线;

(4)公路风险评估为Ⅳ级。

3)三类交叉

满足以下条件之一且不属于一类和二类交叉的平面交叉归为三类交叉:

(1)未根据需要设置针对性的渠化标志标线,如导向箭头、导向车道线等;

(2)未划分路权,无路权控制设施,如信号灯、停车让行标志标线、减速让行标志标线等。

4.4.2　分级处置

4.4.2.1　一、二级公路与一、二级公路交叉

1)一类交叉

(1)交叉角度小于 45°时,宜对次要公路进行局部改线。

(2)纵坡坡度不满足条件时,对交叉进行重新选位或调整线形。

(3)视距三角不能满足要求时,清除视距三角内视距障碍物。

(4)以上条件不具备时,应采取综合保障措施,包括:

①设置交叉单点建议限速;

②设置信号灯;

③对交叉进行预告;

④设置转角交通岛;

⑤交叉前方采用红色防滑涂层设置减速振动标线。

(5)设置转弯辅助车道,尤其是专用左转弯车道。

(6)设置完善的渠化标志标线,设置导向箭头、导向车道线等,必要时应在被交路上且在公路用地范围内顺接主路的路侧护栏。

2)二类交叉

(1)视距三角不能满足要求时,清除视距三角内视距障碍物。

(2)不具备视距清除条件、交叉角度小于 70°或纵坡不满足要求时,应采取综合保障措施,包括:

①设置交叉单点建议限速；

②设置信号灯；

③对交叉进行预告；

④设置转角交通岛；

⑤设置专用左转弯车道；

⑥交叉前方采用红色防滑涂层设置减速振动标线。

(3)设置完善的渠化标志标线，设置导向箭头、导向车道线等。

3)三类交叉

(1)设置信号灯、停车让行标志标线、减速让行标志标线等路权分配设施。

(2)设置完善的渠化标志标线，设置导向箭头、导向车道线等。

4.4.2.2　一、二级公路与三、四级公路交叉

1)一类交叉

(1)交叉角度小于45°时，宜对次要公路进行局部改线。

(2)纵坡坡度不满足条件时，对交叉进行重新选位或调整线形。

(3)视距不足时，清除视距三角内视距障碍物。

(4)以上条件不具备时，应采取综合保障措施，包括：

①设置交叉单点建议限速；

②设置信号灯；

③对交叉进行预告；

④设置专用左转弯车道；

⑤设置右转弯减速车道或加速车道；

⑥交叉前方采用红色防滑涂层设置减速振动标线。

(5)设置完善的渠化标志标线，设置导向箭头、导向车道线等。

2)二类交叉

(1)视距不足时，清除视距三角内视距障碍物。

(2)不具备视距清除条件、交叉角度小于70°或纵坡不满足要求时，应采取综合保障措施，包括：

①设置交叉单点建议限速；

②设置信号灯；

③对交叉进行预告；

④设置专用左转弯车道；

⑤交叉前方采用红色防滑涂层设置减速振动标线。

(3)设置完善的渠化标志标线，设置导向箭头、导向车道线等。

3)三类交叉

(1)设置信号灯、停车让行标志标线、减速让行标志标线等路权分配设施。

(2)设置完善的渠化标志标线，设置导向箭头、导向车道线等。

4.4.2.3 三、四级公路与三、四级公路交叉

1)一类交叉

(1)交叉角度小于45°时，宜对次要公路进行局部改线。

(2)纵坡坡度不满足条件时，对交叉进行重新选位或调整线形。

(3)视距不足时，清除视距三角内视距障碍物。

(4)以上条件不具备时，应采取综合保障措施，包括：

①设置交叉单点建议限速；

②对交叉进行预告；

③设置专用左转弯车道；

④交叉前方采用红色防滑涂层设置减速振动标线。

(5)设置完善的渠化标志标线，设置导向箭头、导向车道线等。

2)二类交叉

(1)视距不足时，清除视距三角内视距障碍物。

(2)不具备视距清除条件、交叉角度小于70°或纵坡不满足要求时，应采取综合保障措施，包括：

①设置交叉单点建议限速；

②对交叉进行预告；

③交叉前方采用红色防滑涂层设置减速振动标线。

(3)设置完善的渠化标志标线，设置导向箭头、导向车道线等。

3)三类交叉

(1)设置信号灯、停车让行标志标线、减速让行标志标线等路权分配设施。

(2)设置完善的渠化标志标线，设置导向箭头、导向车道线等。

4.5 支路口

4.5.1 指标分级

支路口分级主要依据支路口位置主线线形、支路口视距、支路接近主路位置的线

形、路面是否硬化以及支路口设施完善情况确定。

1)一类支路口

(1)交叉角度小于45°;

(2)交叉点主线纵坡大于表4.5-1所示的值;

表4.5-1 平面交叉点最大纵坡

设计速度(km/h)	80	60	40	30	20
最大坡度(%)	3	3.5	4	4.5	5.5

(3)交叉点位于主线超高值大于3%的曲线及其对应的缓和曲线路段;

(4)在支路距离主路路面边缘4.5m位置不能观察到主线停车视距范围内车辆行驶情况;

(5)支路距离主路路面边缘20m范围内纵坡大于3%;

(6)支路距离主路路面边缘20m范围内路面未硬化;

(7)公路风险评估为Ⅴ级。

2)二类支路口

(1)交叉角度小于70°;

(2)交叉点主线纵坡大于表4.5-2所示的值;

表4.5-2 平面交叉点最大纵坡

设计速度(km/h)	80	60	40	30	20
最大坡度(%)	2.5	3	3.5	4	5

(3)交叉点位于主线设置超高的曲线及其对应的缓和曲线路段;

(4)未设置停车或减速让行标志标线;

(5)未设置道口标柱;

(4)公路风险评估为Ⅳ级。

3)三类支路口

(1)未设置路权设施;

(2)未设置道口标柱。

4.5.2 分级处置

1)一类支路口

(1)交叉角度小于45°时,宜对支路进行局部改线,使交叉角接近直角。

(2)交叉点主线纵坡和圆曲线超高不能满足要求时,宜对支路口位置进行封闭或移位。

(3)支路距离主路路缘4.5m位置不能观察到主线停车视距范围内车辆行驶情况时，应清除视距三角内视距障碍物。

(4)以上条件不具备时，应采取综合保障措施，包括：

①主线设置黄闪灯；

②主线设置交叉警告标志；

③主线路面设置文字或图形标记；

④支路上设置减速丘，并配置减速丘警告标志；

⑤按照等级公路交叉处置方式设置完善标志标线，包括导向箭头、导向车道线、人行横道等；

⑥主线上支路口前方采用红色防滑涂层设置减速振动标线。

(5)支路接主路20m范围内纵坡大于3%时，应对支路口纵坡进行调整。

(6)支路接主路20m范围内路面未硬化时，应对支路路面进行硬化。

(7)在支路口入口设置停车让行标志标线或减速让行标志标线。

(8)设置道口标柱。

2)二类支路口

(1)交叉点主线纵坡和圆曲线超高不能满足要求时，宜对支路口位置进行封闭或移位。

(2)以上条件不具备时，应采取综合保障措施，包括：

①主线设置黄闪灯；

②主线设置交叉警告标志；

③主线路面设置文字或图形标记。

(3)在支路口入口设置停车让行标志标线或减速让行标志标线。

(4)设置道口标柱。

3)三类支路口

(1)在支路口入口设置停车让行标志标线或减速让行标志标线。

(2)设置道口标柱。

4.6　穿村镇、学校路段

4.6.1　穿村镇路段

4.6.1.1　指标分级

穿村镇路段分级主要依据主线线形、路侧干扰程度和相应设施完善程度确定。

1)一类穿村镇路段

(1)路段纵坡大于表 4.6-1 所示的值。

表 4.6-1　穿村镇路段最大纵坡

设计速度(km/h)	80	60	40	30	20
最大坡度(%)	2.5	3	3.5	4	5

(2)路侧建筑距离路面边缘小于 5m，无路宅分离设施，且车辆运行速度大于 50km/h。

(3)路段位于集镇段，路侧商铺较多，行人、非机动车与机动车混行严重。

(4)公路风险评估为Ⅴ级。

2)二类穿村镇路段

(1)路侧建筑距离路面边缘小于 10m，无路宅分离设施，且车辆运行速度大于 50km/h。

(2)公路风险评估为Ⅳ级。

3)三类穿村镇路段

(1)无村镇名牌标志。

(2)未针对行人过街集中路段设置人行横道标志标线。

4.6.1.2　分级处置

1)一类穿村镇路段

(1)在村镇两端设置地名标志和建议限速标志组合标志，建议限制速度值小于或等于 50km/h；

(2)在地名标志附近路面上设置横向减速振动标线；

(3)在村镇内部重要节点前(如公路风险评估为Ⅴ级点段)设置横向减速振动标线；

(4)行人集中穿行路段设置人行横道标志标线；

(5)四车道及以上公路应设置中央隔离设施；

(6)当硬路肩宽度大于或等于 2.5m 时，宜设置机非隔离设施；

(7)依据路侧空间情况，可在路侧设置人行道，人行道与路面之间应采用路缘石分隔，并高出路面 10cm 以上。

2)二类穿村镇路段

(1)在村镇两端设置地名标志和建议限速标志组合标志，建议限制速度值小于或等于 50km/h；

(2)在地名标志附近路面上设置横向减速振动标线；

(3)行人集中穿行路段设置人行横道标志标线；

(4)四车道及以上公路应设置中央隔离设施；

(5)依据路侧空间情况，宜设置路宅隔离设施，如花坛、绿化带、隔离墙等。

3)三类穿村镇路段

(1)在村镇两端设置地名标志；

(2)行人集中穿行路段设置人行横道标志标线。

4.6.2 学校路段

4.6.2.1 指标分级

1)一类学校路段

学校出入口直接接入国省道，且位于国省道以下情况之一的路段：

(1)纵坡大于2.5%；

(2)设置超高的曲线路段及前后100m范围内。

2)二类学校路段

学校出入口直接接入国省道，且受植被、房屋等影响，学校出入口视距不良。

3)三类学校路段

其他情况。

4.6.2.2 分级处置

1)一类学校路段

对学校出入口进行针对性的评价，满足安全出入条件时对出入口进行渠化设计，限制侧分带开口，禁止中分带开口，并设置控制性的标志、标线和设施，必要时可设置上跨天桥、下穿通道或信号控制。不满足安全出入条件时，原则上选择通过支线接入。

2)二类学校路段

清理或移除遮挡学校出入口视距障碍物，并设置如下配套设施：

(1)学校出入口前方100~130m位置设置建议限速标志，并辅助说明前方学校路段；

(2)出入口前方设置横向减速振动标线；

(3)出入口位置设置人行横道标志和标线。

3)三类学校路段

设置如下配套设施：

(1)保障出入口视距良好;

(2)学校出入口前方100~130m位置设置建议限速标志，并辅助说明前方学校路段;

(3)出入口位置设置人行横道标志和标线。

4.7 公路条件变化路段

4.7.1 窄桥

4.7.1.1 指标分级

1)一类窄桥

桥梁段行车道宽度小于相邻路基段行车道宽度。

2)二类窄桥

桥梁路面宽度小于路基段路面宽度，但大于路基段行车道宽度。

4.7.1.2 分级处置

1)一类窄桥

(1)设置窄桥警告标志和建议限速标志，警告和建议限速标志采用主动发光式;

(2)桥梁段和桥梁两端160m范围内禁止超车，设置禁止超车标志标线;

(3)车道线按照《道路交通标志和标线》(GB 5768)规定的渐变率进行渐变，以满足车道宽度变化需要;

(4)桥梁护栏延伸至正常路基宽度位置，并对端头进行处理;

(5)在桥梁护栏延伸段设置反光设施。

2)二类窄桥

(1)设置窄桥警告标志;

(2)桥梁段和桥梁两端160m范围内禁止超车，设置禁止超车标志标线;

(3)桥梁护栏延伸至正常路基宽度位置，并对端头进行处理;

(4)在桥梁护栏延伸段设置反光设施。

4.7.2 路基宽度变化

4.7.2.1 指标分级

1)一类路基宽度变化

车道数减少。

2）二类路基宽度变化

横断面存在变化，但车道数未变。

4.7.2.2 分级处置

1）一类路基宽度变化

（1）设置车道数变少标志或公路变窄警告标志，并配合设置建议限速标志，警告和建议限速标志宜采用主动发光式；

（2）在过渡段及前后 50m 范围内禁止超车，设置禁止超车标志标线；

（3）车道线按照《道路交通标志和标线》（GB 5768）规定的渐变率进行渐变，以满足车道宽度变化需要；

（4）根据路侧危险程度在宽度渐变段及前后 20m 的延伸段可设置护栏，若采用护栏，则应在护栏上设置反光设施。

2）二类路基宽度变化

（1）可设置公路变窄警告标志；

（2）在过渡段及前后 30m 范围内禁止超车，设置禁止超车标志标线；

（3）根据路侧危险程度在宽度渐变段及前后 20m 的延伸段可设置护栏，若采用护栏，则应在护栏上设置反光设施。

4.7.3 中央分隔形式变化

4.7.3.1 指标分级

1）一类公路净空内障碍物

公路中央无分隔物向有分隔物过渡，且路段为双车道公路。

2）二类公路净空内障碍物

公路中央无分隔物向有分隔物过渡，且路段为四车道及以上公路。

4.7.3.2 分级处置

1）一类公路净空内障碍物

（1）分隔物端头设置竖向线形诱导标和靠右行驶标志，标志宜采用主动发光式；

（2）分隔物前方设置右侧绕行注意障碍物警告标志；

（3）分隔物前方 50m 范围内设置禁止超车标志标线；

（4）分隔物端头设置反光立面标记；

（5）设置过渡段标线，渐变率按照《道路交通标志和标线》（GB 5768）的规定确定；

(6)有条件时可在分隔物端头设置消能式防撞端头。

2)二类公路净空内障碍物

(1)分隔物端头设置竖向线形诱导标和靠右行驶标志，标志宜采用主动发光式；

(2)分隔物端头设置反光立面标记；

(3)设置过渡段标线，渐变率按照《道路交通标志和标线》(GB 5768)的规定确定；

(4)有条件时可在分隔物端头设置消能式防撞端头。

5　常用设施设置技术

5.1　交通标志

5.1.1　一般规定

(1)交通标志的分类、颜色、形状、字符、尺寸、图形等一般要求，以及设计、制造、设置、施工的要求应符合《道路交通标志和标线》(GB 5768)、《公路交通标志和标线设置规范》(JTG D82)和其他相关标准规范的规定。

(2)公路指路标志的服务对象是对路网不熟悉但对出行有所规划的公路使用者。指路标志应兼顾近途与远途公路使用者需求，提供去往目的地所经过的道路、沿途相关城镇、重要公共设施、服务设施、地点、距离和行车方向等信息。合理设置的公路指路标志应相互关联，并构成完整指路系统，使公路使用者在指路标志的指引下，配合交通地图等辅助方式顺利到达目的地。

(3)指路标志应当提供系统、全面的信息，同时避免信息过载。指路标志应提供前方到达地点或交叉线路的信息、所在地的信息，从充分发挥路网功能和方便公路使用者的角度考虑，还可提供公路编号的信息和“东、西、南、北”方向信息。

(4)在一条公路上不同时期先后设置的标志，应注意信息连贯；公路沿途的地名指示应层次分明，地名、路名、路线编号相互呼应。

(5)同一条公路标志设计的标准、设置原则、风格、规格应保持一致。分段设计的公路，应保持标志设置原则的统一和协调，避免标志指示的路名、地点、趋向、距离等信息的不统一。

(6)本地区行政区域范围内不以本行政区域名为指路信息。

(7)除外籍驾驶员较多的道路外，交通标志版面文字不推荐增加英文。

(8)人流量较大的行人密集区域、学校及周边区域设置的注意行人标志、注意儿童标志的尺寸，可在标准要求的基础上上调一档，并宜采用荧光黄绿色反光膜。

5.1.2　指路信息分级体系

(1)公路指路标志的信息包括路线名称和编号信息、地区名称和地点名称信息、行政区划分界信息、地理方位信息、距离信息、安全行车的指引信息等六大类别。其中：

①路线名称和编号信息包括当前所在公路路线名称、编号信息和前方公路路线名称、编号信息。

②地区名称信息分为重要地区(包括直辖市、省会、自治区首府、副省级城市、地级市等)、主要地区(包括县及县级市、重要旅游景点等)和一般地区(包括乡、镇、村等)三类。

③著名地点和主要地点名称信息包括交通设施、文化设施、旅游设施和其他公共设施等以及交通量较大的交叉路口、国道或省道的分支点等信息。

④地理方位信息包括东、南、西、北四个地理方位信息。

⑤距离信息标注指当前位置距离前方重要公路、省市、城镇、立体交叉等的距离，其中距离指示信息为地区信息时，若为有环线的大城市，则以中心环线的入口作为计算基准点；若为无环线的大城市，中、小城市(区、县)，或乡村，则以中心区(老城区)或政府所在地作为计算基准点。

(2)公路指路标志的信息应综合考虑重要程度、公路等级、服务功能等因素进行分层，按层级选用。公路指路标志的信息分层可参照表 5. 1-1。

表 5. 1-1　公路指路标志信息分层表

类别	A 层信息	B 层信息	C 层信息
路线名称信息	高速公路、城市快速路、国道编号、城市主干道及城市环线	省道编号、城市次干道	县、乡道编号和名称，城市支路
地区名称信息	重要地区(直辖市、省会、自治区首府、计划单列市、经济特区)	地级市、县(市)、大型经济开发区、著名地点、公路沿线设施、港口	乡镇、重要集镇、著名村庄
旅游景区信息	国家级旅游景点、自然保护区、国家级大型文体设施	市级旅游景点、自然保护区、博物馆	县级旅游景点、博物馆、纪念馆
交通枢纽信息	飞机场、特等或一等火车站	二等或三等火车站、长途汽车总站、大型环岛、大型立交桥	重要路口
重要地物信息	国家级产业基地、所在省或直辖市标志性建筑物	市级产业基地、市级文体场馆、科技园	县级产业基地和企业、县级文体中心

5. 1. 3　指路标志信息选取

国省干线公路应根据表 5. 1-2 配置相应的路径指引标志。

表 5.1-2 路径指引标志配置表

本线	被交线			
	国道	省道	县道	乡道
国道	预、告、确	预、告、确	预、告、确	(告)
省道	预、告、确	预、告、确	(预)、告、确	(告)
县道	(预)、告、确	(预)、告、确	(预)、告、(确)	(告)
乡道	(预)、(告)、(确)	(预)、(告)、(确)	(告)	(告)

注：1. 表中“预”代表交叉路口预告标志、“告”代表交叉路口告知标志、“确”代表确认标志。

2. “( )”代表可根据需要设置的标志；根据需要设置标志的判断方法为：当县道与省道相交，县道的设计速度大于80km/h或省道为双车道公路路段时，应分别在县道上设置交叉路口预告标志，并在省道上设置确认标志；当县道为通往某个重要地点或旅游景点的重要路线或旅游路线时，应在驶上该道路后设置相应的确认标志。

不同类别路径指引标志的设置位置与关系如图 5.1-1 所示。

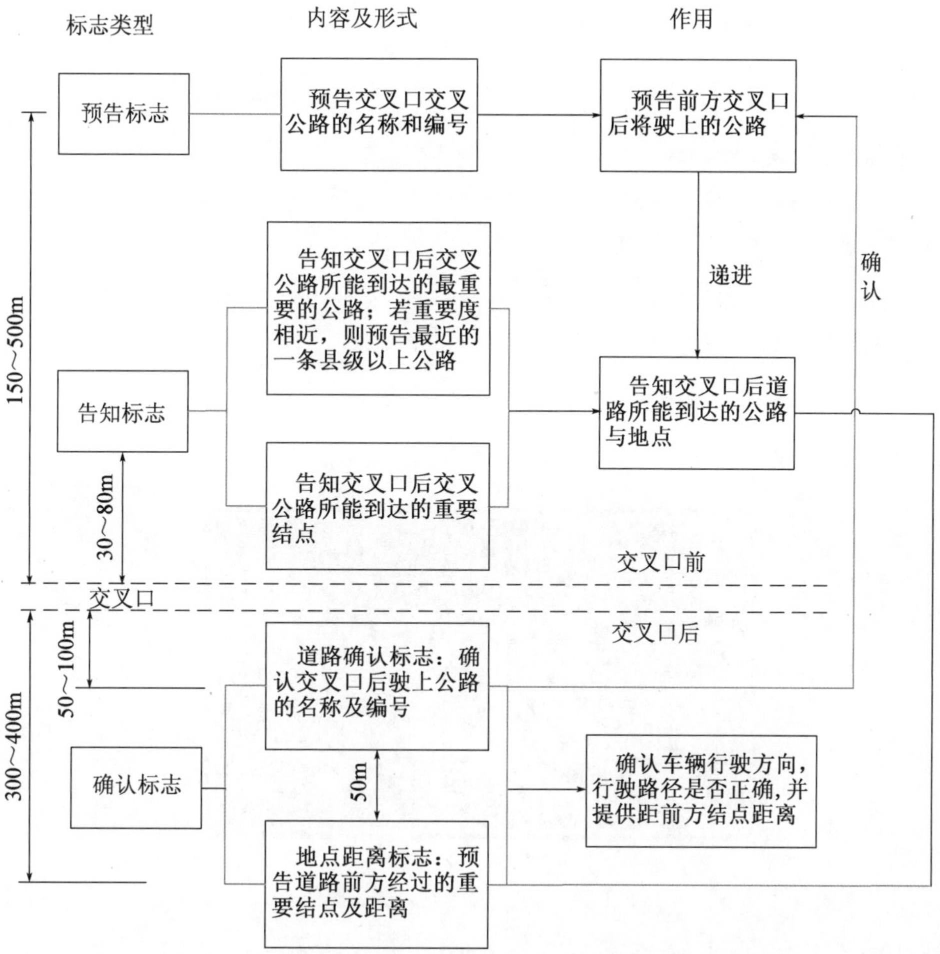

图 5.1-1 交叉口预告、告知、确认的布置与对应关系图

公路路径指引标志信息应根据相交道路的行政等级、服务区域特点，在对交通流的流向和流量加以综合分析的基础上，参照表 5.1-3 选取信息。

表 5.1-3　路径指引标志信息选择参考表

主线方向道路等级	主线方向信息	交叉道路方向					
		国道	省道	县、乡道	城市主干道	城市次干道	支路
国道	A 层、(B 层)	A 层、(B 层)	(A 层)、B 层	(B 层)、C 层	B 层、(A 层)	C 层、(B 层)	D 层、(C 层)
省道	(A 层)、B 层	A 层、(B 层)	(A 层)、B 层	(B 层)、C 层	B 层、(A 层)	C 层、(B 层)	D 层、(C 层)
县乡	(B 层)、C 层	A 层、(B 层)	(A 层)、B 层	(B 层)、C 层	B 层、(A 层)	C 层、(B 层)	D 层、(C 层)

注：1. 标志不带括号的信息为首选信息；带括号的信息适用于无首选信息时，或根据需要作为第二个信息。
2. 当每个方向设置两条信息时，可同时设置首选信息和括号内信息。

相交道路为国道、省道时，应选取前方最近的 A 层或 B 层信息；相交道路为县道、乡道时，应选取前方最近的 B 层信息要素或最重要的 C 层信息要素。当存在多个 C 层信息时，表 5.1-3 序号靠前的信息类别，其重要程度高于序号靠后的信息类别；同类别信息中，机动车保有量多的地点信息的重要程度高于机动车保有量低的地点信息。

5.1.4　指路标志版面

(1) 同一个地区或同一条公路指路标志版面形式宜统一。

(2) 应加强道路编号在标志信息中的应用，在交叉路口标志版面中体现本条路和相交公路的编号信息。

(3) 国、省道公路和设计速度≥60km/h 的县乡公路交叉路口指路标志，宜采用图案式，如图 5.1-2 所示。

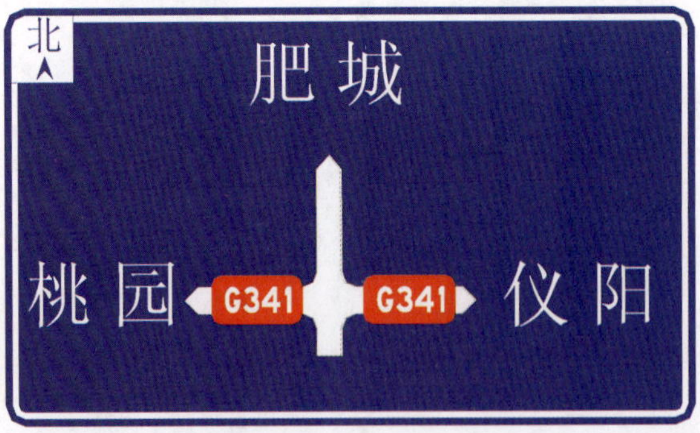

图 5.1-2　图案式交叉路口标志版面

(4) 设计速度 <60km/h 的县乡公路交叉路口指路标志，可采用表格式，如图 5.1-3 所示。

图 5.1-3 表格式交叉路口标志版面

5.1.5 其他交通标设置

(1)交叉警告标志

在视距不良且未设置交叉指路标志的平面交叉，宜设置交叉警告标志；但在支路口密集路段，不宜在每个支路口均设警告标志。

(2)急弯及连续弯路标志

急弯及连续弯路标志适用于设计速度小于60km/h的公路上，可与建议限速组合设置，如图5.1-4所示。

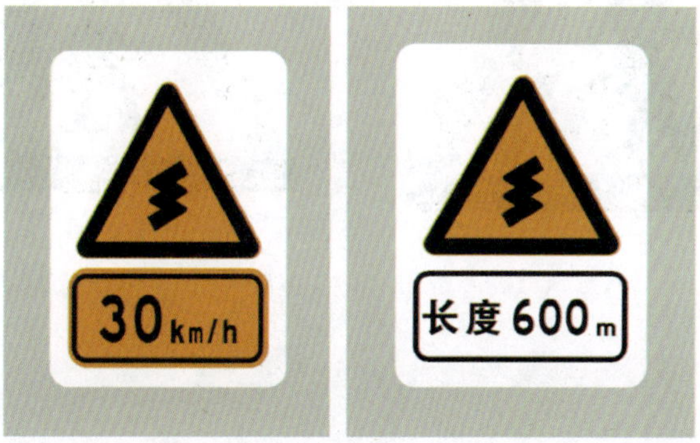

图 5.1-4 连续弯路与其他标志信息标志组合设置

在设计速度大于或等于60km/h的公路上，弯道标志宜采用如图5.1-5所示告示标志。

(3)人行横道及注意行人标志

在穿村镇行人横穿需求较大路段，设置人行横道及注意行人标志。不宜被驾驶人发现的人行横道标志，可采用荧光黄绿色，版面如图5.1-6所示。

(4)注意儿童标志

在小学、幼儿园等儿童经常出入地点前适当位置，设置注意儿童标志。标志底色可采用荧光黄绿色，版面如图 5.1-7 所示；为加强提示，可采用附加标志说明设置此标志原因，如图 5.1-8 所示。

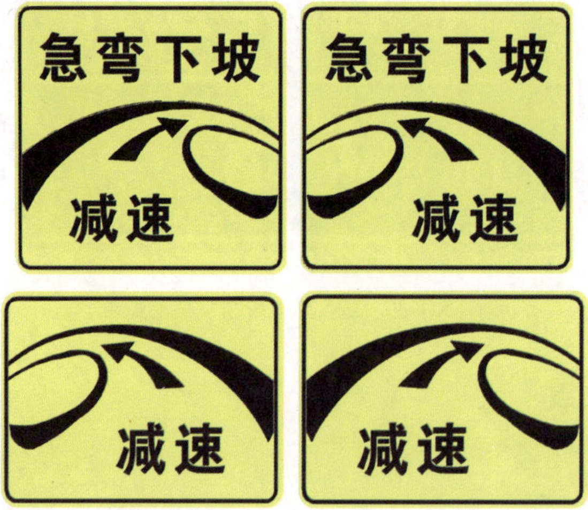

图 5.1-5　弯道告示标志版面

图 5.1-6　荧光黄绿人行横道标志版面

图 5.1-7　荧光黄绿注意儿童标志版面

图 5.1-8　附加标志说明设置注意儿童标志原因

(5)地名标志

在村镇前方设置地名标志，并将地名标志与穿村镇路段建议限速标志相组合设置。

(6)交通标志清理

在安全生命防护工程中，应清除与实际内容不符的标志、非道路标志、广告牌。

5.2 交通标线

5.2.1 一般规定

(1)交通标线的颜色、形状、字符、尺寸、图形等一般要求，以及设计、制造、设置、施工的要求，应符合《道路交通标志和标线》(GB 5768)、《公路交通标志和标线设置规范》(JTG D82)和其他相关标准规范的规定。

(2)标线设置应与道路交通运行情况相匹配。进行标线设计之前，首先需要对所设计道路的基础条件、实际(或可能的)交通组成、交通流运行的特点有详细的了解，依据实际交通需要设置标线。

(3)路面标线作为信息传递的方式，所能够传递的信息量是有限的，如果期望通过标线传递的信息过多反而可能导致混乱，妨碍正确信息的传递。

(4)交通标线设计不应拘泥于形式上的统一，一切以道路资源有效利用及交通运行更加顺畅安全为目的，在此基础之上依据道路交通条件灵活处理各种标线的设置。

(5)同一地点设置的交通标志、标线等交通设施，所传递的交通信息不能相互矛盾，不能给交通参与者造成困惑。

5.2.2 车道线

1)车行道中心线

(1)路面宽度大于或等于6m的双向行驶的公路应设置道路中心线。

(2)双车道公路一般路段中心线采用黄色虚线，在不满足会车视距的路段，如急弯、陡坡等视距不良路段，应施画中心黄实线。

(3)双车道公路中心线线宽15cm，如图5.2-1所示，路口宽度较窄时可采用10cm。

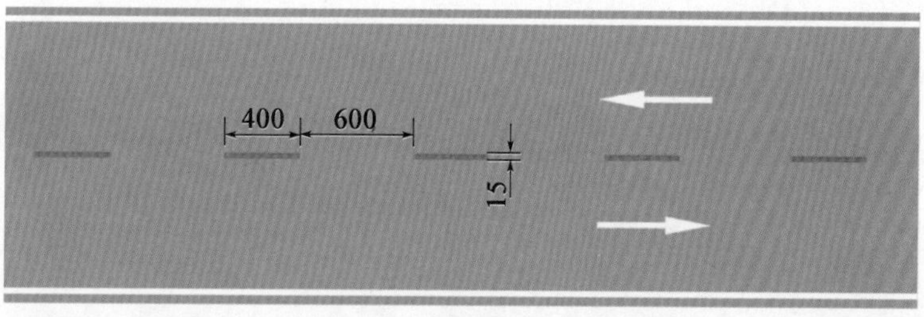

图5.2-1 道路中心线尺寸(尺寸单位：cm)

2)车道边缘线

(1)所有公路宜施画车道边缘线，如图5.2-2所示。

图5.2-2　车行道边缘线设置实例

(2)车道边缘线在一般路段应为实线，在出入口、支路口等允许机动车跨越边缘线的地方，车行道边缘线宜设置为虚线。

(3)车行道边缘线宽度为15cm或20cm，交通量较小的四级公路车行道边缘线可设为10cm。

(4)车行道边缘虚线的虚线断及间隔长分别为200cm和400cm。

(5)车行道边缘实线应留有排水口，排水口长度宜取5cm，排水口间距取5~12m。

3)车行道分界线

(1)一般路段车行道分界线采用白色虚线，设计速度不小于60km/h的道路，虚线段及间隔长分别为600cm和900cm；设计速度小于60km/h的道路，虚线段及间隔长分别为200cm和400cm。

(2)同向车道分界线线宽为10cm或15cm，交通量非常小的公路在特殊情况下线宽可采用8cm。

5.2.3　其他类型常用标线

1)人行横道线

(1)人行横道线一般与道路中心线垂直，最小宽度为300cm，并可根据行人交通量以100cm为一级加宽。人行横道线的线宽为40cm或45cm，线间隔一般为60cm，可根据车行道宽度进行调整，但最大不应超过80cm。

(2)人行横道线的设置间距根据实际需要确定，但路段上设置的人行横道线之间的距离一般应大于150m。

(3)在无信号灯控制的路段中设置人行横道线时，应在到达人行横道线前的路面上设置停止线和人行横道线预告标识，并配合设置人行横道指示标志，视需要也可增设注意行人警告标志。

人行横道线设置示意如图 5.2-3 所示。

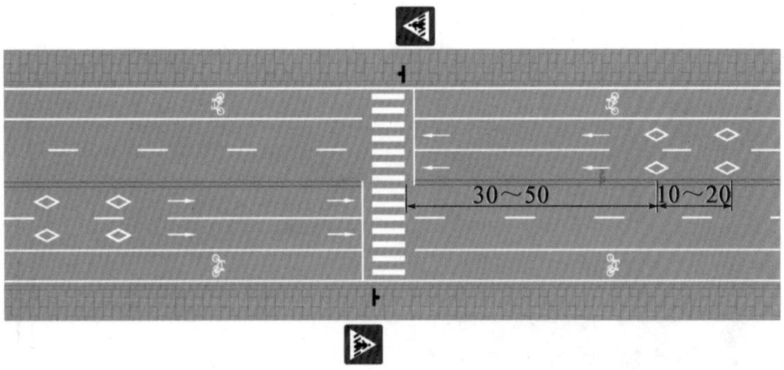

图 5.2-3 人行横道线(尺寸单位：m)

2)停止线

(1)停止线为施画于交叉路口、铁路平交道口、左弯待转区的前端、人行横道线前及其他需要车辆停止位置的标线。

(2)停止线为白色实线，其宽度可根据道路等级、交通量、行驶速度的不同选用 20cm、30cm 或 40cm。

(3)在危险度较高的平面交叉，应采用较宽的停止线，以强化停止线位置。

3)停车让行线

(1)在设置停车让行控制的平面交叉口或支路口，除路面条件无法施画标线外，均应施画停车让行线。

(2)停车让行线为两条平行白色实线和一个白色“停”字。双向行驶的路口，白色双实线长度应与对向车行道分界线连接；单向行驶的路口，白色双实线长度应横跨整个路面。白色实线宽度 20cm，间隔 20cm，“停”字宽 100cm，高 250cm。停车让行标线应设在有利于驾驶人观察路况的位置。如有人行横道线时，停车让行线应距人行横道线 100 ~ 300cm，如图 5.2-4 所示。

4)减速让行线

(1)在设置减速让行控制的平面交叉口或支路口，除路面条件无法施画标线外，均应施画减速让行线。

(2)减速让行线为两条平行的虚线和一个倒三角形，颜色为白色。双向行驶的路口，白色虚线长度应与对向车行道分界线连接；单向行驶的路口，白色虚线长度应横跨整个路面。虚线宽 20cm，两条虚线间隔 20cm。倒三角形底宽 120cm，高 300cm。减速让行标线应设在有利于驾驶人观察路况的位置。如有人行横道线时，减速让行线应距人行横道线 100～300cm，如图 5.2-5 所示。

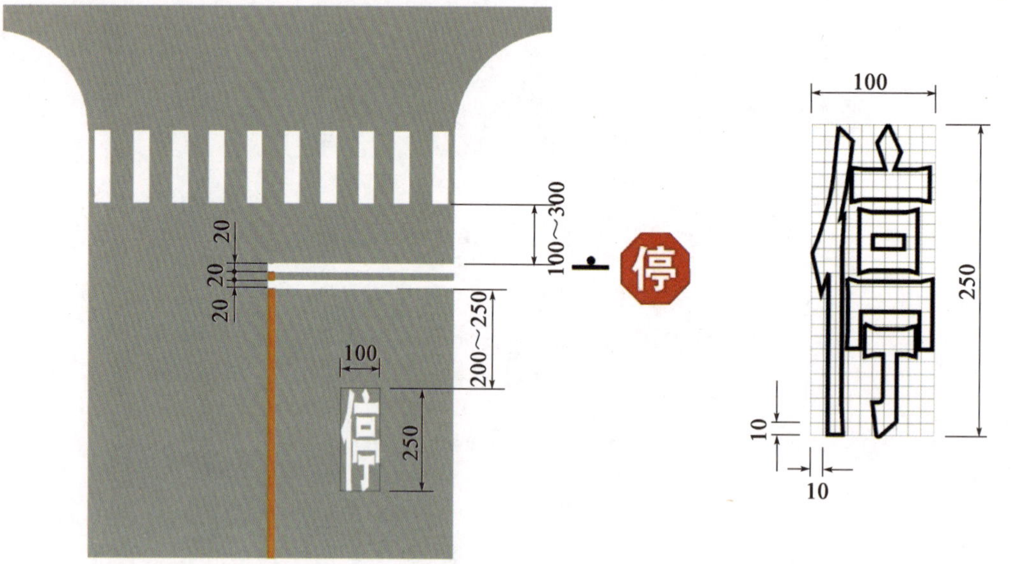

图 5.2-4　停车让行线(尺寸单位：cm)

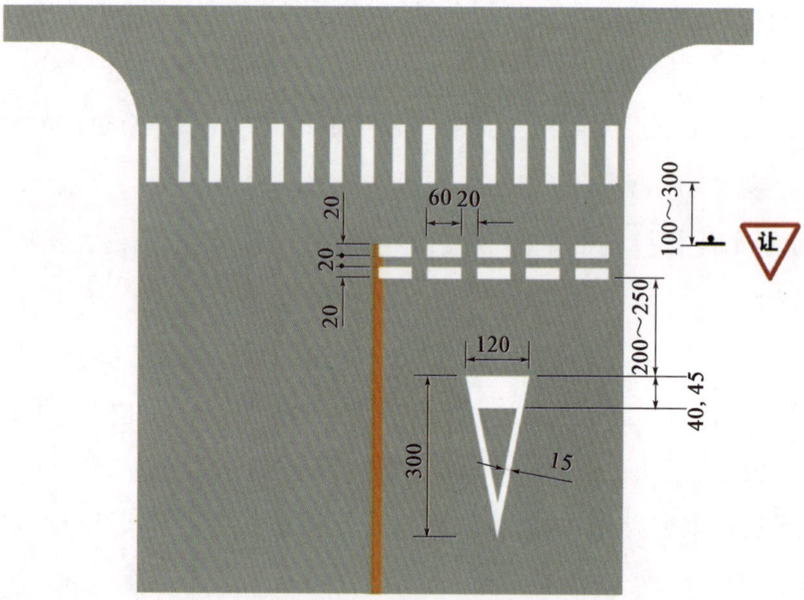

图 5.2-5　减速让行线(尺寸单位：cm)

5)纵向减速标线

车行道纵向减速标线为一组平行于车行道分界线的菱形块虚线，在车行道纵向减速标线的起始位置设置 30m 的渐变段，菱形块虚线由窄变宽，正常段菱形块的长度为 100cm，宽度为 30cm，与车道边缘线之间的空隙为 5cm，如图 5.2-6 所示。

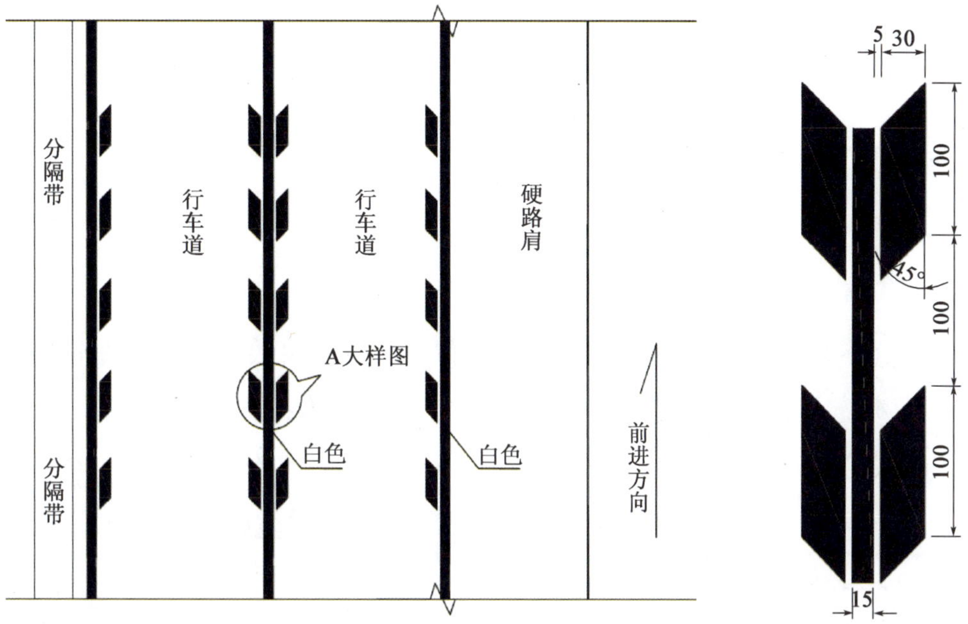

图 5. 2-6 纵向视觉减速标线(尺寸单位：cm)

6)立面标记

(1)在跨线桥、渡槽等的墩柱或侧墙端面上、隧道洞口、收费岛岛头或人行横道上的安全岛的壁面上，宜施画立面标记。

(2)标线为黄黑相间的倾斜线条，斜线倾角为45°，线宽均为15cm。设置时应把向下倾斜的一边朝向车行道，如图 5. 2-7 所示。

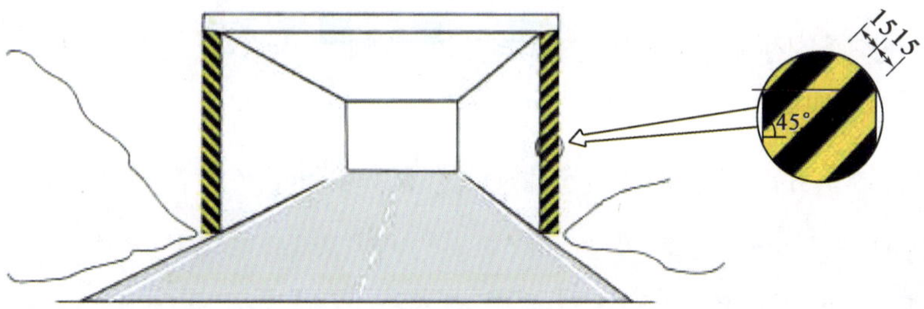

图 5. 2-7 立面标记(尺寸单位：cm)

5. 2. 4 标线材料

(1)标线按材料可分为溶剂型涂料标线、热熔型涂料标线、水性涂料标线、双组分涂料标线、预成型标线带等几种类型。

(2)等级较高的公路宜采用热熔型涂料标线，等级较低的公路可采用溶剂型涂料标线。由于双组分涂料黏结力较好，但价格较高，在经济条件允许情况下，水泥路面宜采用双组分涂料标线。

5.3 路基护栏

5.3.1 一般规定

(1)公路上用的防护设施包括护栏、护栏端头、防撞垫、护栏过渡段和中央分隔带活动护栏等。

(2)应根据路段主要风险因素、路侧危险程度、交通事故情况、行车速度和交通流组成等因素，确定是否需要设置防护设施，合理选择设施的防护等级和形式。

(3)防护设施形式宜与周边景观相协调，还要考虑当地的养护条件、环境和气候因素。如在北方积雪地区宜采用波形梁或缆索护栏，以便于清除积雪。选用连续混凝土护栏的路段，还要考虑清扫、排水等的便利。

(4)护栏设计宜与路面大中修计划相匹配，考虑路面加铺、罩面等因素对护栏设置高度的影响。

5.3.2 护栏设置位置

护栏的设置路段应满足现行标准规范规定，同时应遵循以下原则和本指南的分级处置对策：

(1)急弯或连续急弯，特别是连续下坡路段小半径曲线的外侧，宜设置路侧护栏，急弯或连续急弯的弯道内侧，路侧危险程度不高时，可不设置路侧护栏，宜适当修整边坡、边沟或改善视距。

(2)在长直线尽头的小半径曲线外侧，尤其是路面抗滑性能不足的小半径曲线外侧，宜设置路侧护栏。

(3)陡坡路段圆曲线外侧，尤其是长下坡直线路段尽头、急弯路段的外侧，宜设置路侧护栏。

(4)曲线外侧距离路肩较近范围内有民居路段，宜设置护栏防护。

5.3.3 护栏防护等级

(1)护栏标准段、护栏过渡段和中央分隔带开口护栏的防护等级，按设计能量分为八级，如表5.3-1所示。

(2)公路上应用的护栏端头和防撞垫的防护等级，按设计防护速度划分为三级，如表5.3-2所示。

表 5.3-1 护栏标准段、护栏过渡段和中央分隔带开口护栏的防护等级

防护等级	一	二	三	四	五	六	七	八
代码	C	B	A	SB	SA	SS	HB	HA
设计防护能量(kJ)	40	70	160	280	400	520	640	760

表 5.3-2 护栏端头和防撞垫的防护等级

防护等级	一	二	三
代码	TB	TA	TS
设计防护速度(km/h)	60	80	100

(3)护栏防撞等级依据本指南路侧险要分级处置对策选取。

5.3.4 路基护栏形式

根据部颁《公路安全生命防护工程实施技术指南(试行)》,公路安全生命防护工程实施可采用《公路交通安全设施设计细则》(JTG/T D81)中规定的护栏结构,也可采用部颁《公路安全生命防护工程实施技术指南(试行)》中给出的护栏结构以及其他经过实车碰撞试验验证,达到《公路护栏安全性能评价标准》(JTG B05-01)规定的防护性能要求的护栏结构。

(1)波形梁护栏(图 5.3-1)刚柔相兼,吸收碰撞能量的能力较强,有较好的视线诱导功能,能与公路线形相协调,外形美观,损坏处容易更换,较混凝土护栏具有一定的通透性。

图 5.3-1 波形梁护栏

(2)混凝土护栏(图 5.3-2)防止车辆越出路(桥)外的效果好,而且混凝土护栏几乎不变形,维修费用很低;视情况可用于山区公路急弯路段外侧、路侧为深沟陡崖、车辆冲出将导致严重伤亡事故的路段。

图 5. 3-2　混凝土护栏

(3)缆索护栏(图 5. 3-3、图 5. 3-4)属柔性结构，车辆碰撞时缆索在弹性范围内工作，可以重复使用。缆索护栏立柱间距比较灵活，受不均匀沉陷的影响较小。积雪地区缆索护栏对扫雪的障碍少。但缆索护栏施工复杂，端部立柱损坏修理困难，不适合在小半径曲线路段使用。此外，缆索护栏视线诱导性较差，架设长度短时经济性不好，视情况可在风景区公路等采用。

图 5. 3-3　双车道公路缆索护栏

图 5. 3-4　一级公路缆索护栏

(4)也可以因地制宜采用其他形式的护栏，如在景区路段采用钢背木护栏、仿木护栏(图5.3-5)，在路侧通透路段设置钢管护栏(图5.3-6)，在需要加强防护的路段设置两道双波护栏(图5.3-7)等，但这些护栏均需要通过碰撞试验后才能在公路上投入使用。

图5.3-5　钢背木护栏或仿木护栏

图5.3-6　钢管护栏

图5.3-7　加强的波形梁护栏

5.3.5 护栏端头

迎交通流的护栏端头应按照下列方法进行外展或设置缓冲设施:

(1)外展至土路肩宽度外,外展斜率不宜超过表5.3-3的规定值。护栏距车行道边缘线越近,外展斜率取值宜越小。具备条件时,宜外展至计算净区宽度外。

表5.3-3 上游护栏端头外展斜率

设计速度(km/h)	刚性护栏	半刚性护栏
120	1:22	1:17
100	1:18	1:14
80	1:14	1:11
60	1:10	1:8

(2)半刚性护栏外展时,端部应进行加固处理。

(3)位于填挖交界时,应外展并埋入挖方路段不构成障碍物的土体内。半刚性护栏外展埋入土体时,在土体内应延长一定长度并进行锚固。

(4)无法外展时,一级公路及作为干线的二级公路应设置防撞端头,或在护栏端头设置防撞垫;作为集散的二级公路及三、四级公路宜采用地锚式端头,并进行警示提醒或设置立面标记。

(5)作为干线二级公路,对向车行道分界处未设置护栏的,宜考虑车辆碰撞对向车行道护栏下游端头的可能性。

图5.3-8所示为现状混凝土护栏端头改造实例。

图5.3-8 现状混凝土护栏端头改造实例

图5.3-9所示为新增波形梁护栏端头处置实例。

图 5.3-9 新增波形梁护栏端头处置实例

5.3.6 护栏过渡段

(1)相邻路段不同形式护栏或不同防护等级护栏之间，应设置符合标准要求的过渡段，实现防护强度过渡。

(2)应重点加强波形梁护栏与混凝土护栏及路基护栏与桥梁护栏之间的过渡设计。

5.4 桥梁护栏

5.4.1 一般规定

(1)老旧桥梁栏杆、桥梁护栏防护高度或防护能力不能满足规范要求时，应对护栏进行改造。

(2)桥梁护栏改造方案，必须针对桥梁护栏新增加的恒载以及车辆碰撞荷载对桥梁主体结构进行验算，确保不会对桥梁结构的安全造成影响。

(3)桥梁护栏与桥梁主体结构之间的连接设计，应充分考虑新桥梁护栏的结构形式、原桥梁护栏或栏杆的设置以及原桥梁上部结构，连接设计必须针对车辆碰撞荷载进行验算，以保证连接受力安全可靠。

(4)对于大桥以及可能的碰撞角度较大的桥梁护栏，不推荐使用波形梁护栏。

(5)当新设混凝土护栏增加的恒载过大影响桥梁安全时，可选择波形梁护栏或梁柱式钢护栏。

5.4.2 不同类型桥梁护栏改造

不同的桥梁形式，对护栏基础与桥梁的连接形式可能存在较大差异，并且需要对每座桥梁进行相关的受力验算。基于研究成果，本指南将按不同桥梁类型的护栏基础设置形式分如下几类进行考虑。

(1)圬工结构的拱桥

对于圬工结构的拱桥，可采用嵌入式结构设置护栏的基础，有条件时，可以采用植入后固定钢筋的方法加强护栏基础与桥面系的连接，示意如图5.4-1所示。

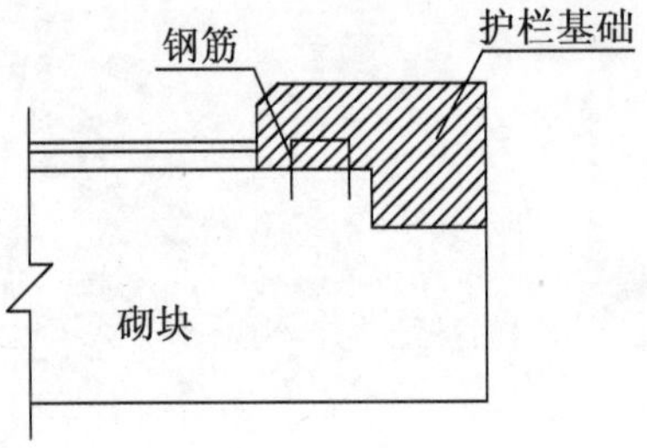

图5.4-1　嵌入式护栏基础示意图

(2)空心板桥

由于空心板桥的桥面系比较薄弱，护栏基础与桥梁结构之间可以采用较弱的浮置连接，但是护栏的基础应保证整体的连续性，并在桥头两侧设置坚固的锚固端，示意如图5.4-2所示。

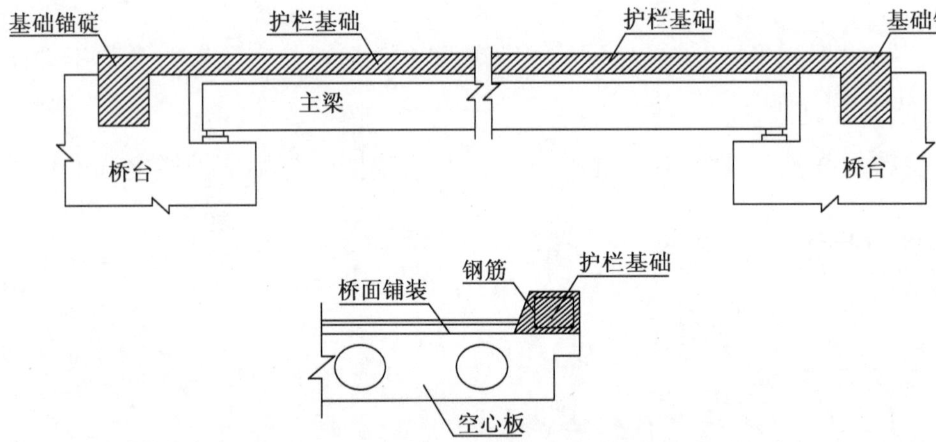

图5.4-2　空心板桥护栏基础示意图

(3)T梁或箱梁结构的桥梁

设计护栏基础与桥梁结构的连接时，应分析桥梁主体结构，优先考虑植入后固定钢筋的强连接方式，示意如图5.4-3所示；不具备条件时可参照空心板桥的弱连接方式。

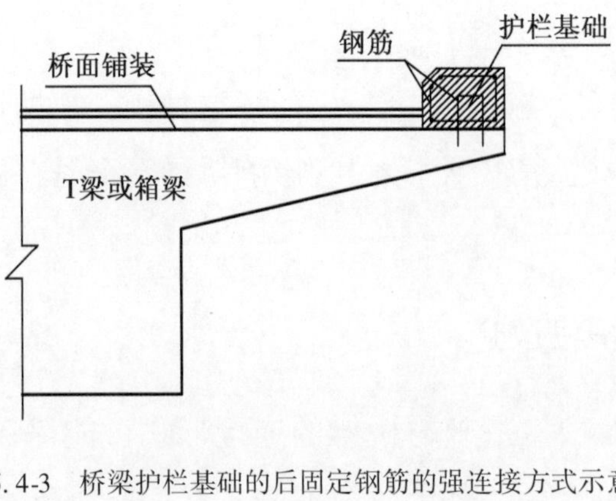

图5.4-3　桥梁护栏基础的后固定钢筋的强连接方式示意图

(4)对于设置栏杆、未设人行道的桥梁，可将桥梁原有栏杆及安全带拆除，在原位置处重新设置桥梁护栏，示意如图 5.4-4 所示。

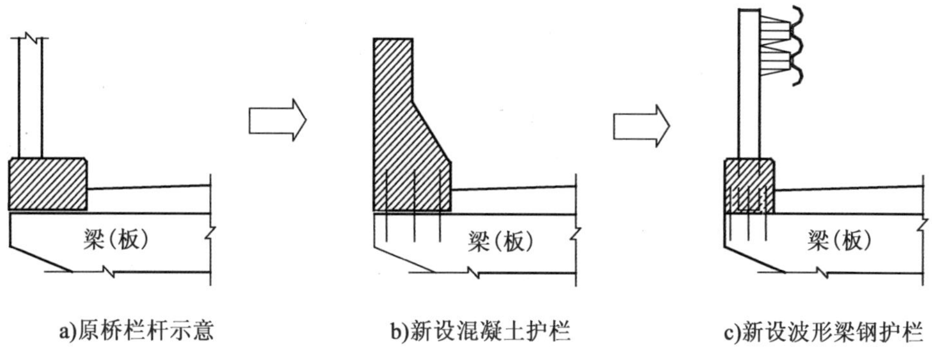

图 5.4-4　设置栏杆、未设人行道桥梁护栏改造示意图

(5)对于已经设置悬臂式人行道的桥梁，应对边梁(板)进行检测、计算，根据检测、计算结果可将人行道外移，并设置混凝土护栏或波形梁钢护栏，下设托梁或斜撑，必要时应对桥梁进行局部加固处理，示意如图 5.4-5 所示。

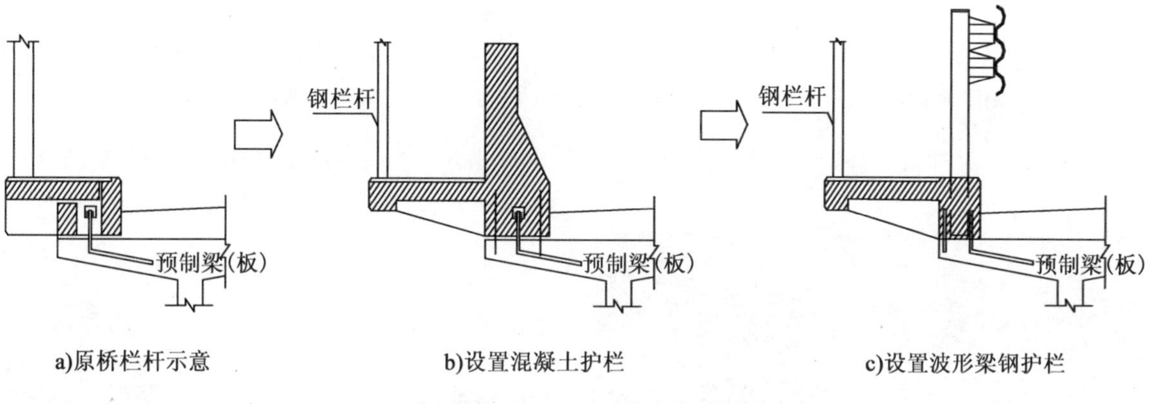

图 5.4-5　设置悬臂式人行道桥梁护栏改造示意图

(6)对于已设置非悬臂式人行道的桥梁，可将原桥梁栏杆、人行道板拆除，通过植筋的方式将混凝土护栏或波形梁钢护栏与梁(板)连接在一起，并采用混凝土找平。考虑行人安全，可在桥面采用标线或栏杆将人行道和车行道分开。当桥面宽度富余较大时，可不拆除人行道及栏杆，直接在其内侧设置混凝土护栏或波形梁钢护栏。图 5.4-6 所示为现有上跨公路桥梁为非悬臂式人行道且桥面宽度有限时的桥梁护栏处理方案示意。图 5.4-7 所示为现有上跨公路桥梁为非悬臂式人行道且桥面宽度富余较大时的桥梁护栏处理方案示意。

5.4.3　桥梁护栏端头

对桥梁护栏建议延伸并设置外展式端头，避免车辆从桥头空隙冲出路外或碰撞桥梁护栏端头发生恶性伤亡事故。桥梁护栏外展式端头实例如图 5.4-8 所示。

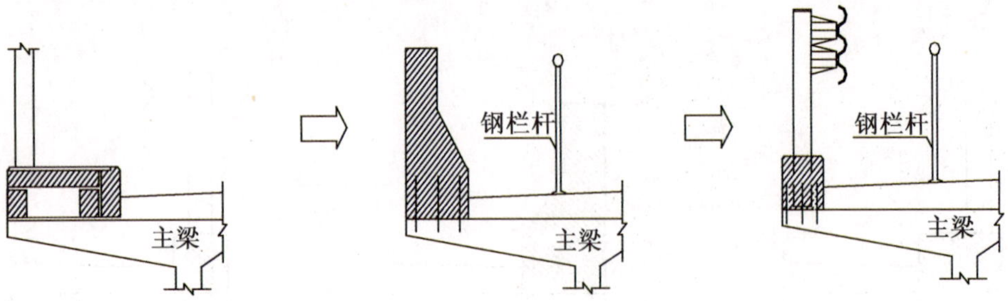

a)原桥栏杆示意　b)设置混凝土护栏　c)设置波形梁钢护栏

图 5.4-6　设置非悬臂式人行道且桥面宽度有限时护栏改造示意图

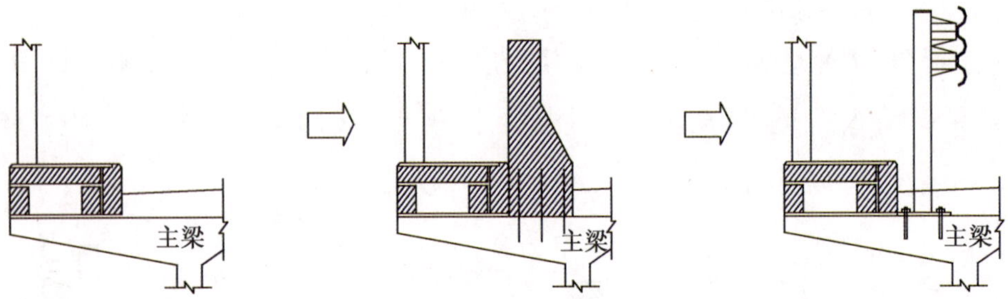

a)原桥栏杆示意　b)设置混凝土护栏　c)设置波形梁钢护栏

图 5.4-7　设置非悬臂式人行道且桥面宽度富余较大护栏改造示意图

图 5.4-8　桥梁护栏外展式端头实例

5.4.4　路基护栏与桥梁护栏衔接

(1)路基护栏与桥梁护栏必须进行过渡处理，保持防护强度和刚度的连续性，如图 5.4-9所示。

(2)桥头存在不具备封闭条件的开口路段时，桥梁护栏延伸段应与支路护栏衔接，示意如图 5.4-10 所示。

图 5. 4-9 路基与桥梁护栏衔接实例

5. 4. 5 不同类型桥梁护栏

除了常规桥梁护栏外，桥梁护栏可根据环境和适用性而采用不同的形式，如图 5. 4-11 ~ 图 5. 4-13 所示。

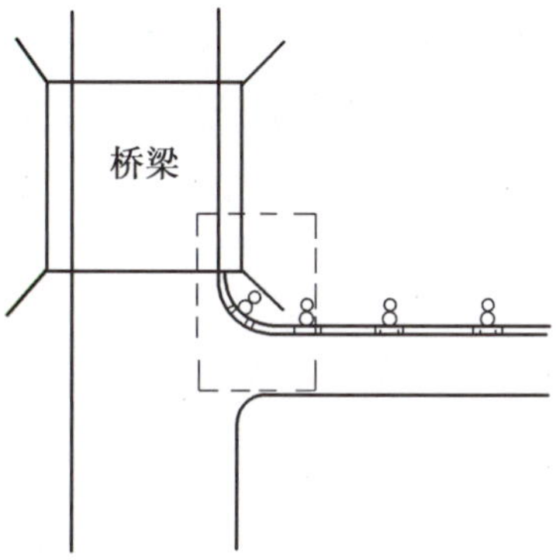

图 5. 4-10 主线桥梁护栏与支路护栏衔接示意图

图 5. 4-11 小桥段波形梁护栏加强

图 5. 4-12 对景观较好的大桥路段采用钢梁护栏

图 5.4-13　组合式桥梁护栏

5.5　平面交叉

5.5.1　一般规定

(1)公路平面交叉设计应按照调查或预测交通量、流向及交通特征，结合地形、地物实际与土地节约要求，选取或优化线形指标，合理组织交通。

(2)平面交叉时，交叉角不宜小于70°，受条件限制不得已采用斜交时，交叉角度应大于45°。

(3)平面交叉线形等技术指标应满足视距的要求。

(4)平面交叉转弯设计应在综合判断小客车转弯速度需求和大型车辆转弯轨迹需求前提下节约用地，合理设置转弯半径。

(5)平面交叉设计应评估专用左转弯车道设置需求和现场是否具备设置条件。

(6)平面交叉渠化设计应根据引导车流和行人的需要通过设计明确路权、规范车辆行驶轨迹、控制冲突点，并为行人提供必要的庇护空间。

(7)平面交叉设计应结合行人和非机动车通行需求，当行人、非机动车流量较大时，应根据行人及非机动车流量、公路等级和交通管理方式等设置人行横道线、人行天桥或人行通道。

5.5.2　视距保障

为保障平面交叉安全，平面交叉视距应满足如下要求：

(1)平面交叉每条岔路上都应提供与路段设计速度相适应的引道视距，如图5.5-1所示，引道视距在数值上等于停车视距，但量取标准为：眼高1.2m，物高0m。

各种设计速度所对应的引道视距及凸曲线的最小半径规定如表5.5-1所示。

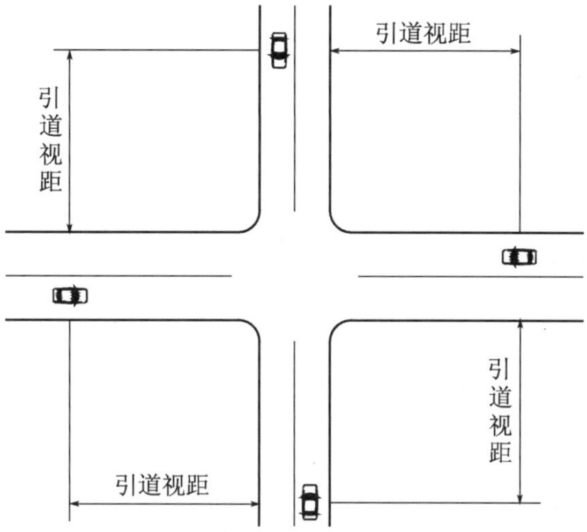

图 5. 5-1 引道视距

表 5. 5-1 引道视距及相应的凸曲线最小半径

设计速度(km/h)	100	80	60	40	30	20
引道视距(m)	160	110	75	40	30	20
引道凸形竖曲线最小半径(m)	10700	5100	2400	700	400	200

(2)平面交叉设计，应使车辆驶近平面交叉时驾驶人能看清整个交叉和沿相交公路足够长度路段，所要求视距三角内不得存在有碍通视的物体。平面交叉视距三角几何尺寸，由交叉公路的设计速度和交叉点所用的交通管理方式确定。

(3)信号控制平面交叉每个进口任一条车道停止线前的第一辆车，应能被其他方向进口道第一辆车看到，视距区域如图 5. 5-2 所示。

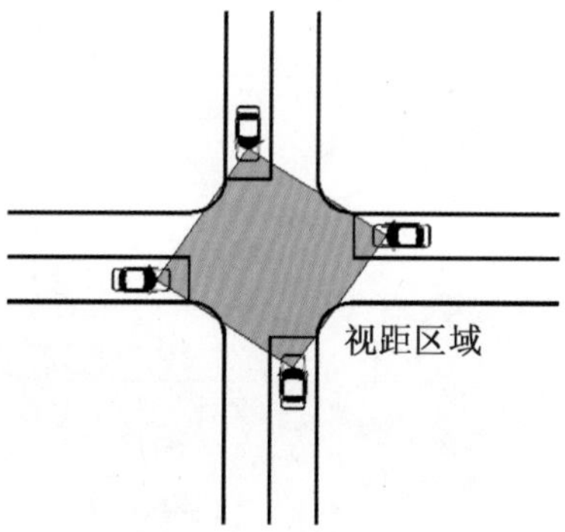

图 5. 5-2 信号控制平面交叉视距

(4)停车让行控制平面交叉设计，应让次要公路驾驶人在距离主要公路车道边缘线 15m 的位置识别交叉类型和交叉范围内主要设计要素布局；让次要公路驾驶人有足够的视距以保证车辆从停止状态启动并安全通过主要公路或转弯驶入主要公路，次要公路车辆不同行驶方向视距三角如图 5. 5-3 所示。

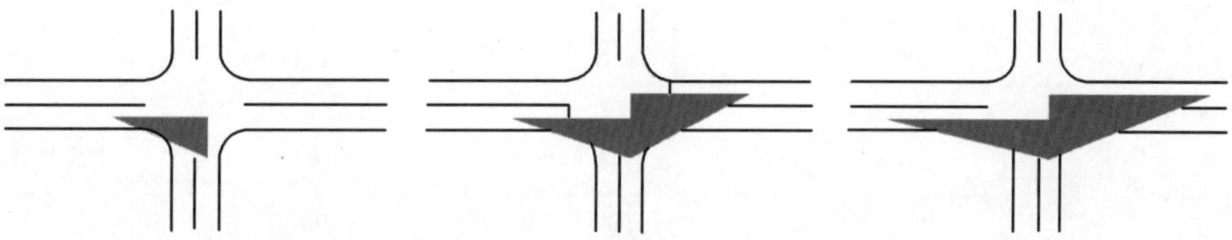

a)右转 b)直行 c)左转

图 5. 5-3 次要公路车辆右转、直行和左转视距三角

停车让行控制平面交叉视距三角沿次要公路长度由两部分组成，第一部分是驾驶人眼睛距离道路边缘的距离，第二部分是主要公路车辆中心与道路边缘的距离，如图5.5-4所示。驾驶人眼睛距离道路边缘的距离宜取9m，最小值不得小于5m。

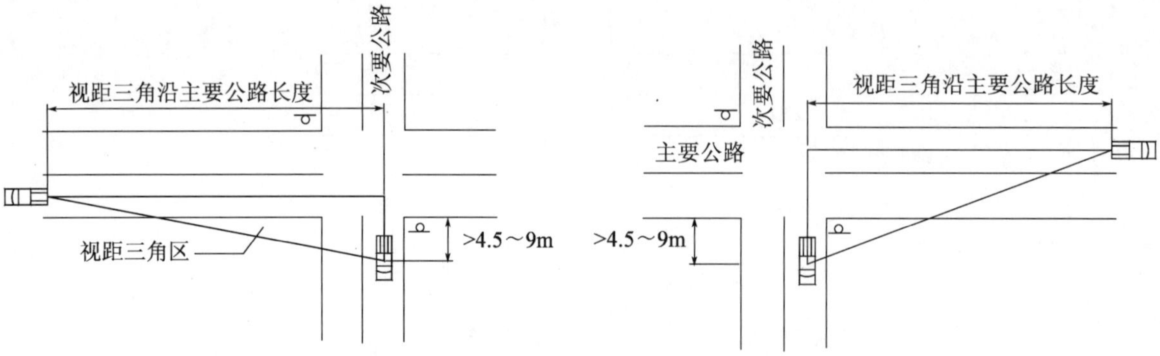

图5.5-4　停车让行控制平面交叉视距三角区

停车让行控制平面交叉视距三角沿主要公路长度按照表5.5-2、表5.5-3选取，其中车辆类型依据次要公路等级和交通组成选取，次要公路为一级、二级公路时车辆类型宜选汽车列车，次要公路为三级、四级公路且大型车及以上车型比例大于5%时车辆类型宜选大型车，其他情况下车辆类型可选小客车。

表5.5-2　主路为一级公路视距三角沿主要公路长度

车辆类型	主要公路设计速度(km/h)	视距三角沿主要公路长度(m)		
		次要公路左转	次要公路直行	次要公路右转
小客车	100	185	170	115
	80	145	135	90
	60	110	100	70
	40	75	70	45
	30	55	50	35
	20	40	35	25
大型车	100	240	225	140
	80	190	180	115
	60	145	135	85
	40	95	90	60
	30	75	70	45
	20	50	45	30
汽车列车	100	255	225	155
	80	205	180	125
	60	150	135	95
	40	100	90	65
	30	75	70	50
	20	50	45	35

表 5.5-3　主路为二级公路视距三角沿主要公路长度

车 辆 类 型	主要公路设计速度(km/h)	视距三角沿主要公路长度(m)		
		次要公路左转	次要公路直行	次要公路右转
小客车	100	155	140	85
	80	125	115	70
	60	95	85	50
	40	65	60	35
	30	50	45	25
	20	35	30	20
大型车	100	210	195	115
	80	170	160	90
	60	125	120	70
	40	85	80	45
	30	65	60	35
	20	45	40	25
汽车列车	100	225	195	125
	80	180	160	100
	60	135	120	75
	40	90	80	50
	30	70	60	40
	20	45	40	25

(5)无控制平面交叉视距三角示意图见图 5.5-5，视距三角长度按表 5.5-4 取值。考虑到无控制平面交叉视距三角面域较大，而现状公路平面交叉受沿线植被、山体和

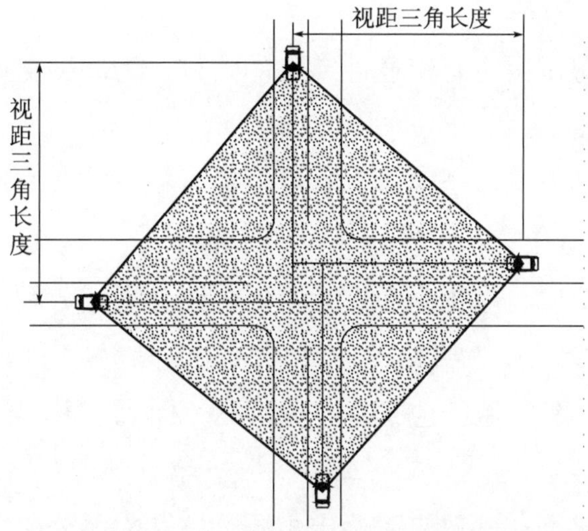

图 5.5-5　无控制平面交叉视距三角示意图

建筑物的遮挡，达到此要求十分困难。因此，建议除信号交叉和环形交叉外，平面交叉应全部设置为次要公路停车让行控制。

表 5.5-4　视距三角长度

次要公路设计速度(km/h)		40	30	20
视距三角沿次要公路长度(m)	一般值	40	30	20
	最小值	35	25	20

建议在安全生命防护工程设计和实施时，根据上述要求对平面交叉视距进行核查并进行相应的处置，主要处置策略如下：

①清。即清除视距三角区内的视距障碍物，如土丘、山体、废弃物等。

②移。即将视距三角区内的视距障碍物(如树木、房屋等)，移至视距三角区之外的位置。

③疏。即通过修剪、整理，使视距三角区内的树木不会影响到驾驶员观察相交道路的车辆运行情况。

④防。对于受条件限制确实不能进行清理、移除或整理改善视距的情况，应通过警示、速度控制等方法，降低视距不良交叉口的危险程度。

对小角度交叉不具备调整交叉角情况，可重点移除锐角三角内的障碍物(如树木)，以保障视距。

5.5.3　路权划分及相应的路权设施完善

明确并合理分配路权是解决交通冲突的核心措施，合理明确每个交通冲突点各流向路权，有助于提升交通安全与通行效率。建议在平面交叉安全生命防护工程设计时，遵循以下原则或要求：

(1)应明确交叉口范围内所有交通冲突点的路权，为冲突交通流分配正确合理的优先通行次序，使得车辆能够安全的通过交叉口。

(2)每个冲突点只能有一股交通流具有优先通行权，其余交通流的车辆必须在冲突点前减速乃至停止，以避让具有优先通行权的车辆。

(3)在进行路权分配时，应优先考虑为主要公路交通流分配通行权。

(4)信号控制平面交叉口主要路权通过信号控制从时间上进行分配。在信号控制不能有效划分路权的局部区域，应通过设置“停”标志和标线等路权设施辅助明确路权。

(5)非信号控制的平面交叉口应先确定主要公路和次要公路，然后为主要公路分配“优先通行权”，对次要公路的交通实施“停”控制(图 5.5-6)。

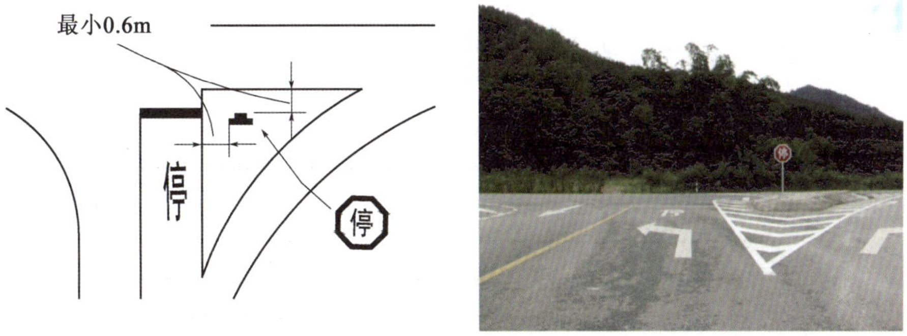

图 5.5-6　交通岛上停车让行标志设置示意图

(6)在右转道右转交通流与直行交通流汇流点的前方，应设置“让”标志和标线，右转车辆让直行车辆(图 5.5-7)。

图 5.5-7　减速让行标志位置示意图

(7)环行交叉口应在交织环外侧入环位置设置“让”标志和标线，入环车辆让行环内车辆。

(8)相交公路技术等级和行政等级相同时，应以高峰小时流量为依据确定相交公路路权，对流量较小的入口实施“停”控制。若相交道路流量较大，经通行能力分析采用“停”不能满足通行需求时，可考虑采用信号控制或环形控制分配相交道路路权。

5.5.4　开展渠化设计

(1)完善渠化标志标线。完善标志、标线设计，有利于及时、正确引导车辆通过平面交叉，在方案制订时可采取如下措施：

①在平面交叉设置完善导向车道线、导向箭头和停车线，引导车辆按照标线的指示和引导减速、换道、停车、转弯通行。通过系列渠化标线的设置，也使交叉标线明显区别于路段标线，提醒驾驶人注意相交道路可能驶入车辆。

②导向车道线长度根据排队长度确定，但不应小于 30m。

③导向箭头通常为三组，安全停车视距不良、排队车辆较多时，可增加导向箭头组数。图5.5-8、图5.5-9所示为导向箭头设置示意及实例。

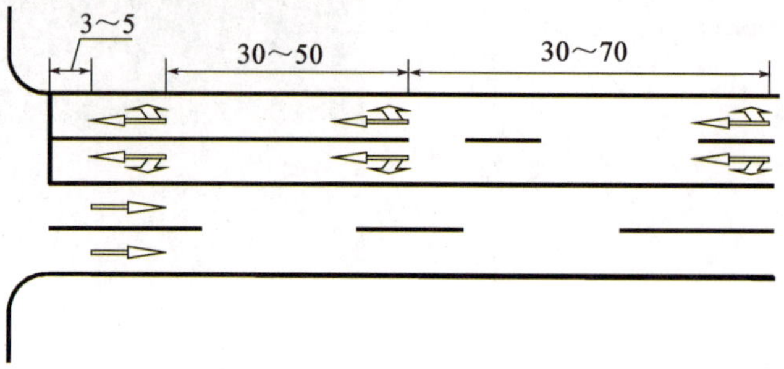

图5.5-8 导向箭头设置示意图(尺寸单位：m)

图5.5-9 导向箭头设置实例

(2)在穿村镇路段或行人较多平面交叉，应设置人行横道(图5.5-10)。当人行横道长度大于16m时，应在人行横道中央设置行人二次过街安全岛。对于设置人行横道的平面交叉，停止线宜在其后1～2m处设置。对于不宜识别的平面交叉，即使行人数量较少也可设置人行横道，提示交叉存在。

图5.5-10 穿城镇路段人行横道设置实例

(3)在平面交叉右转实体交通岛分流端端头，应设置两侧通行标志，如图5.5-11所示。

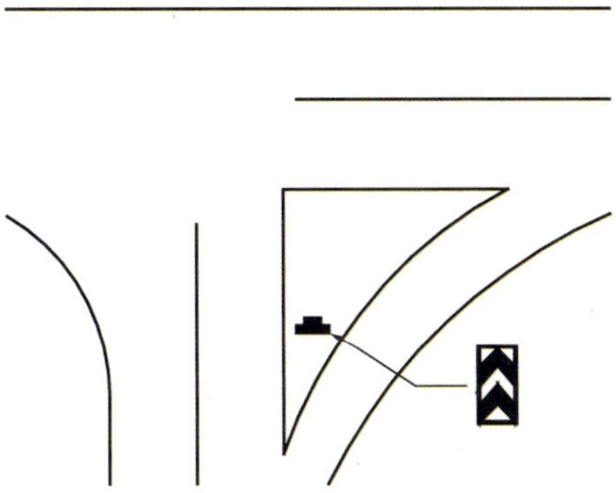

图 5.5-11 两侧通行标志设置

(4)在车辆容易从采用实体交通岛分离的右转道出口进入时，应在交通岛上设置禁止驶入标志，如图 5.5-12 所示。

图 5.5-12 禁止驶入标志位置

(5)在面积较大或者形状不规则的平面交叉口物理冲突区域内，应设置左转导流线，如图 5.5-13 所示。

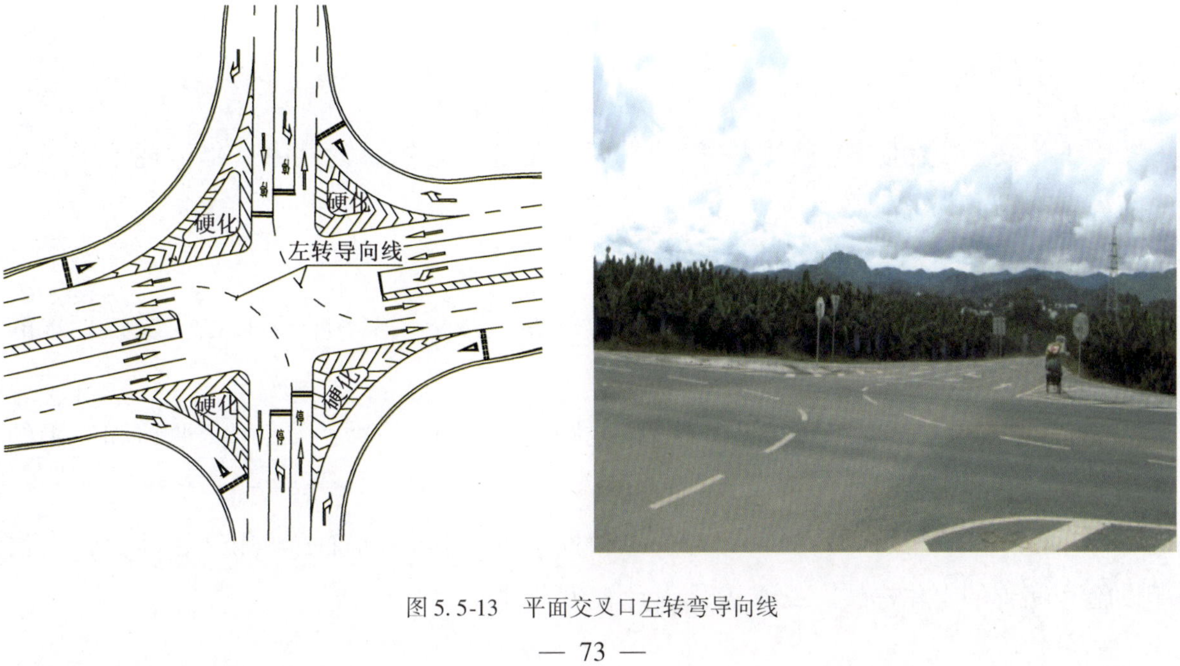

图 5.5-13 平面交叉口左转弯导向线

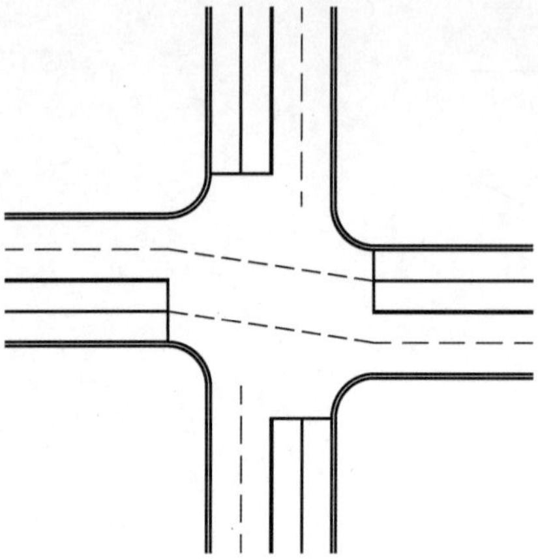

图5.5-14　直行导流线

由于条件所限，导致出入口直行车道位置不对应时，应设置直行车道导流线，如图5.5-14所示。

(6)合理设置交通岛。交通岛是平面交叉主要的渠化设施，合理设置交通岛有利于规范车辆行驶轨迹，减少交通冲突，同时可为设施设置和行人穿行提供安全空间。对于面域较大的平面交叉，事故较多需要设置交通岛规范车辆轨迹和减少冲突点的平面交叉，以及行人较多且穿行距离较长的平面交叉，可根据需要设置交通岛。交通岛的设置宜遵循如下原则或满足如下要求：

①在无照明的平面交叉，实体交通岛不宜设置于车辆直行方向上，且实体交通岛边缘与直行车道边缘线横向距离不应小于路段硬路肩宽度，车道边缘线与实体交通岛之间可设置斑马式渠化标线。

②实体交通岛通常由路缘石围成。在无照明的平面交叉，实体交通岛路缘石应做成倾斜式，有照明的平面交叉可采用垂直式。

③平面交叉范围内，交通岛数量不宜过多，面积不宜过小。

④在主次明显的非信号控制十字和T形平面交叉，在双车道次要公路入口宜设置雨滴型分隔岛。

⑤可根据行人和非机动车通行需要设置安全岛，用于安全岛功能的交通岛宽度应大于1.8m，且应具有良好的视距。

5.5.5　综合处置案例

以下为安全生命防护工程中采集的平面交叉处置案例，案例中基本体现了平面交叉的处置要求。

1)典型公路平面交叉

(1)图5.5-15所示为典型的一级公路与等外公路交叉实例，交叉主线设置完善的渠化标线。

(2)图5.5-16所示为一级公路与二级公路交叉实例，设置了转角交通岛和完善的渠化标线，满足大型车转弯需求。

(3)图5.5-17所示为一级公路与一级公路交叉实例，设置了转角交通岛、行人过街设施和完善的渠化标线，交叉渠化设计较为合理。

图 5.5-15 一级公路与等外公路交叉实例

图 5.5-16 一级公路与二级公路交叉实例

2)特殊类型交叉

(1)图 5.5-18 所示为半互通交叉实例，该类型交叉的设置降低了相交公路的直行冲突，有利于提升交叉通行能力和安全水平，此类交叉宜加强指路标志的设置。

图 5.5-17 一级公路与一级公路交叉实例

图 5.5-18 半互通交叉实例

(2)图 5.5-19 所示为右进右出控制类型交叉实例，此类型交叉对主线线形不良、交叉间距过小等情况下较为适用，有利于提升交叉的安全水平。

图 5.5-19 右进右出控制交叉实例

5.6 支路口

5.6.1 一般规定

(1)在本指南中，支路口指的是等级公路与年平均日交通量小于400 辆的等外公路相交形成的交叉。当被交的等外公路年平均日交通量大于或等于400 辆时，应按照等级公路与等级公路交叉的要求设计。支路口还包括等级公路与公路沿线地方政府部门、厂矿、企事业单位等自建的道路的交叉。

(2)支路口处置应重点考虑转角视距、被交路线形是否满足要求。

(3)支路口处置应完善道口标柱、停车减速让行标志标线、减速让行标志标线等设施。

(4)危险支路口应设置交叉警告标志、减速丘和配套设置减速丘标志标线等设施。

5.6.2 接入控制

通常而言，支路口设置应在对地方公路现状和规划及经济发展进行调查的基础上，充分考虑公路功能、沿线土地开发、群众生产和生活需要，兼顾接入对公路交通安全、通行能力、服务水平和投资的影响，合理确定布局，并进行支路口接入设计。

(1)设计时应对全线支路口进行核查，对未经过批准的支路接入口采取封闭措施，以减少支路对主路的影响。

(2)对于一级公路而言，可通过采用右进右出控制方式，降低支路口对主线的影响，如图5.6-1 所示。

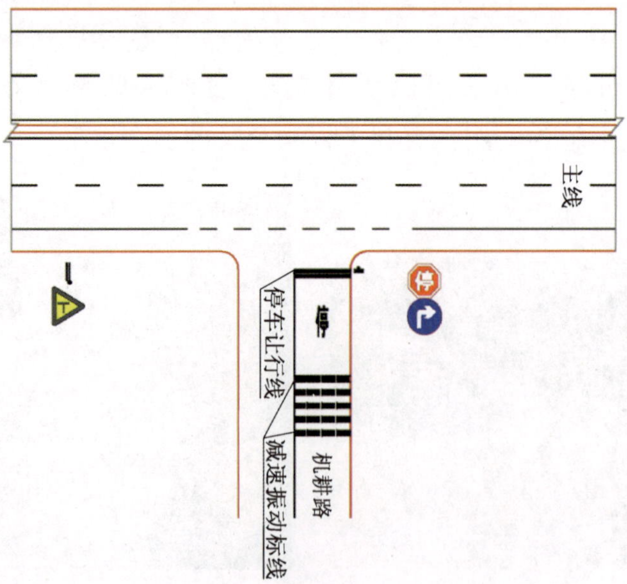

图5.6-1　右进右出控制方式

(3)对于路侧开口较多、对主线干扰较大的路段，或者支路接入点位于线形较差的路段，条件允许时可采用设置侧分带或辅助车道的方式，降低支路口对主线运行的影响，如图5.6-2所示。

图5.6-2 辅助车道设置

5.6.3 视距保障

由于全线支路口视距受植被、树木遮挡严重，建议在安全生命防护工程实施时，重点按照视距三角要求清除视距三角内视距障碍物。由于视距的限制，支路口采用无控制和减速让行控制不具有可行性，因此建议全线支路口采用支路停车让行控制，并以停车让行控制为前提确定视距三角的范围。

5.6.4 支路线形调整

道路接入公路时，宜采用垂直相交，当必须斜交时，交叉的锐角一般不应小于70°，受地形条件或其他特殊情况限制时，不应小于45°。支路接入主线20m范围内纵坡应不大于3%，当支路线形不满足此条件时，具备改造条件的建议采用以下方法进行改造：

(1)对于支路上陡坡接主线的情况，应优先采用调整支路纵断面线形的方式予以解决，使次要公路上紧接交叉的部分引道应以0.5%~2.0%的上坡通往交叉，而且此坡段至主要公路的路缘应不短于25m。支路引道纵坡调整方案如图5.6-3所示。

(2)对于支路小角度交叉的情况，建议采用如图5.6-4、图5.6-5所示方式进行调整。

(3)对于确实受条件限制不能调整交叉角的小型支路口，应在支线上设置安全设施等，降低支线进入主线车辆的速度。

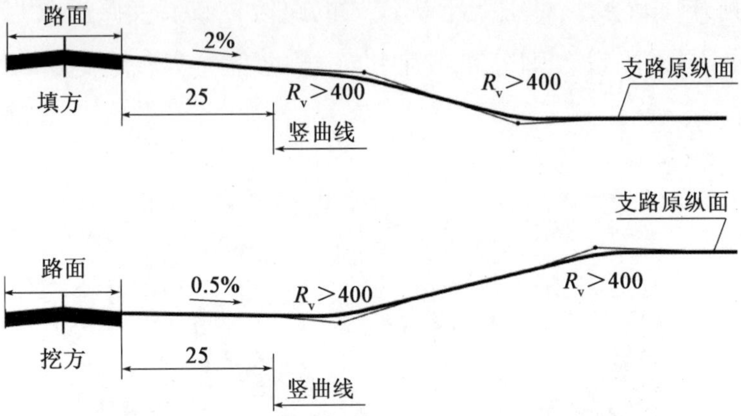

图 5.6-3 支路引道纵坡调整方案(尺寸单位：m)

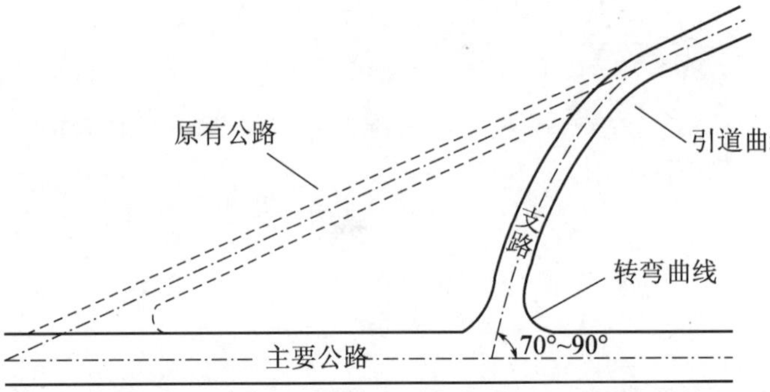

图 5.6-4 T 字形斜交口次要公路改线示意图

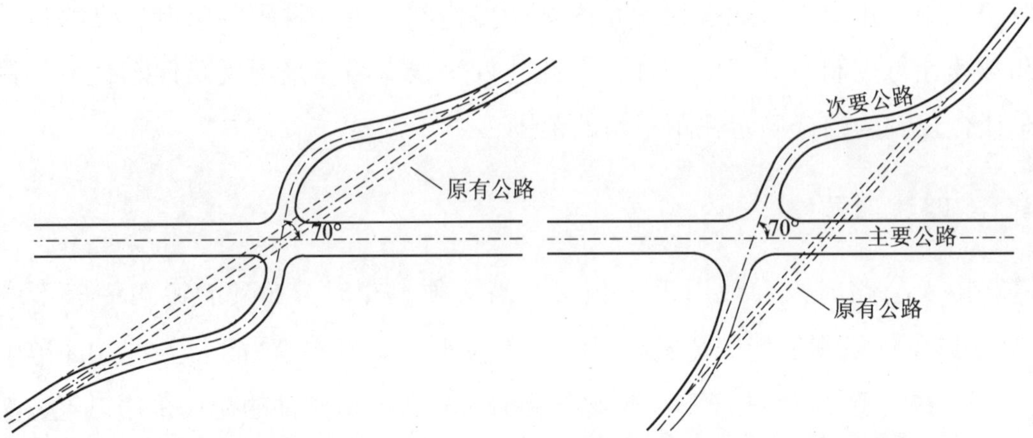

a)交点不变　　b)交点改移

图 5.6-5 十字形斜交口次要公路改线示意图

5.6.5 配套设施

(1)对被交道设置停车让行控制设施，包括停车让行标志和标线，以明确相交道路的路权；

(2)设置道口标柱，警示主路驾驶人被交道口的位置；

(3)对于视距不良或危险被交道口设置交叉警告标志；

(4)有行人通行需求路段设置人行横道；

(5)在被交道入口设置减速丘或减速路面，控制车辆驶入主线的速度。

被交道口处置措施方案及实例，如图5.6-6、图5.6-7所示。

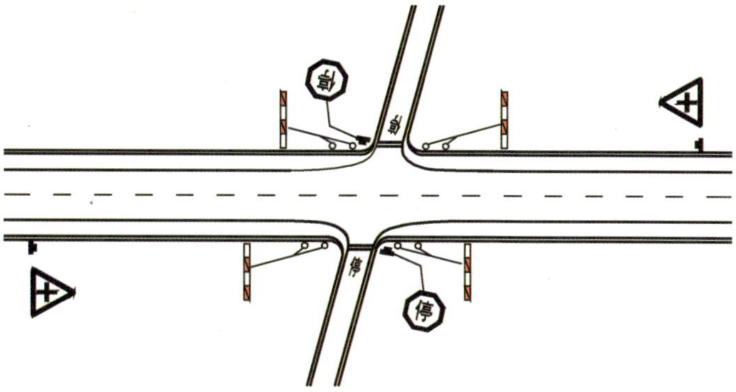

图5.6-6　被交道口处置措施方案

图5.6-7　被交道口处置措施实例

当支路口存在视距不良、事故较多，或有行人横穿时，可采用图5.6-8、图5.6-9所示处置措施。

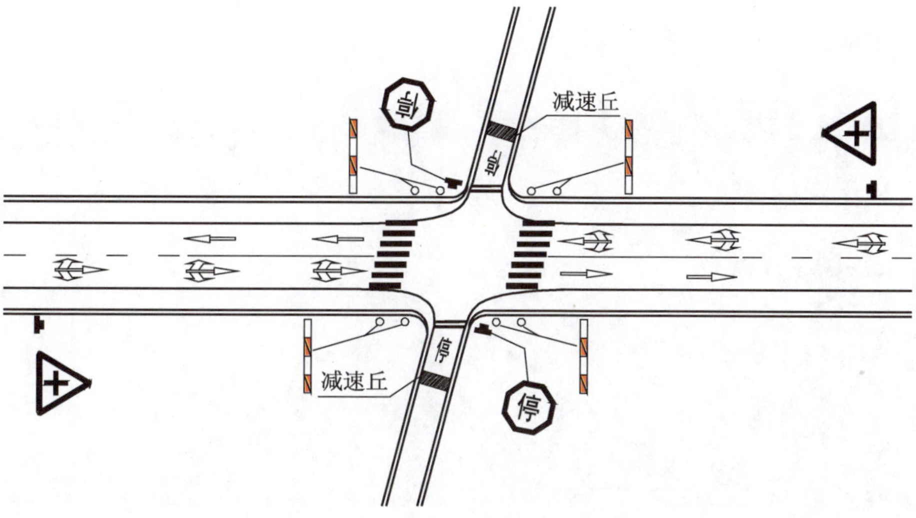

a)

图　5.6-8

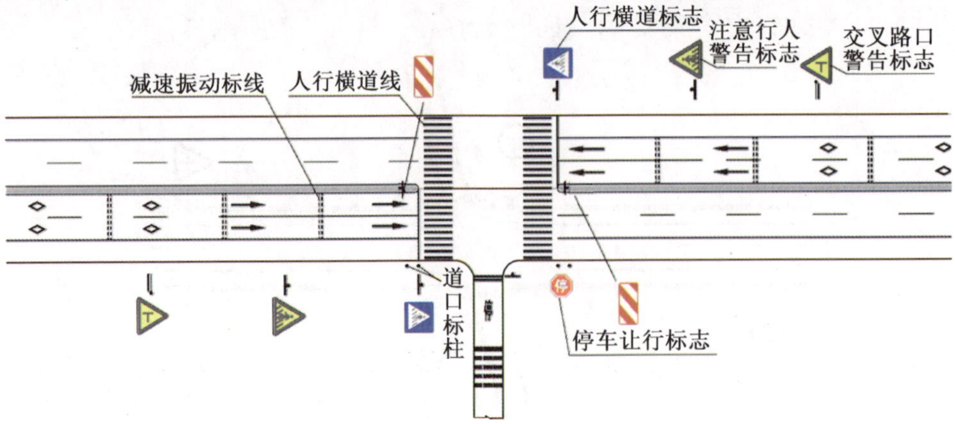

b)

图 5.6-8　被交道口提升措施

图 5.6-9　被交道口处置实例

比利时路面实例如图 5.6-10 所示。

图 5.6-10　比利时路面实例

5.7 中(侧)分带开口

5.7.1 一般规定

(1)应严格控制国省道特别是干线公路中央分隔带的开口数量和间距。

(2)中央分隔带开口位置的设置应与支路口位置互相配合，并充分考虑沿线土地开发、群众生产和生活的需要，兼顾开口对交通安全、主路通行能力及服务水平的影响；当开口间距较长时，也可以设置具有掉头功能的开口。

(3)为单位接入而设置的中央分隔带开口，应经过专门的设计或评估后确定，具备开口条件的必须设置完善的交通安全设施。

5.7.2 间距与选位控制

(1)非城区路段：对于路侧无连片住宅的路段，干线公路中央分隔带开口间距不小于2000m；对于居民集中居住的路段及有特殊需求开口路段，干线公路中央分隔带开口间距不小于1000m。当间距不满足要求时，应对部分开口进行封闭(图5.7-1)；现有公路条件受限时，开口间距应满足功能区最小长度要求，并加强安全设施设置。

图5.7-1 中央分隔带开口封闭实例

(2)城(镇)区路段：中央分隔带开口间距不小于1000m。现有公路条件受限时最小间距不应小于500m。

(3)中央分隔带开口不宜设置在视距不良路段、超高值大于3%的弯道路段或纵坡大于3%的路段；现有公路中央分隔带开口位于上述条件路段时，应予以封闭。

5.7.3 配套设施

1)交通标志、标线设置

在中央分隔带开口位置设置竖向线形诱导标志，允许车辆通行的开口处道路边缘线设置为虚线，如图 5.7-2 所示。对于仅允许行人通行的开口，开口处左侧路缘带车道边缘线为实线。

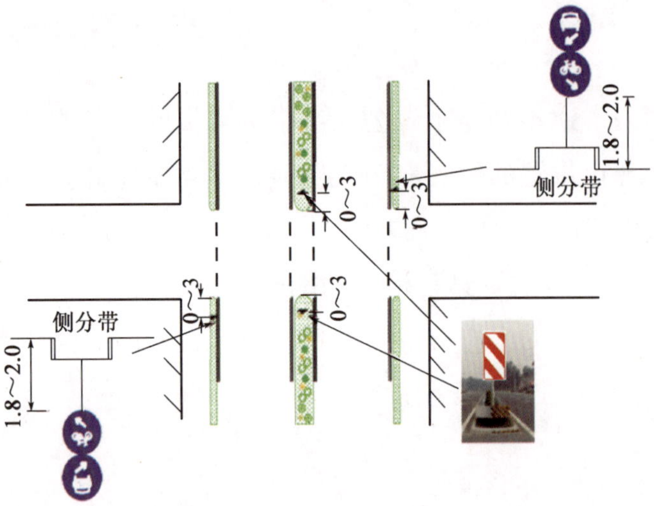

图 5.7-2　机动车通行中央分隔带开口标志设置(尺寸单位：m)

2)隔离设施

(1)不允许车辆、行人、非机动车穿行，仅用于养护或应急的开口，宜设置活动护栏；不具备条件时，可采用混凝土护栏或波形梁护栏进行封闭。

(2)允许行人穿行，但禁止机动车和非机动车穿行的开口，中央分隔带宽度小于 3m 且开口长度小于或等于 8m 的应设置示警桩隔离，示警桩间距取 50cm。中央分隔带宽度大于 5m 时，可设置“S”形隔离(图 5.7-3)。

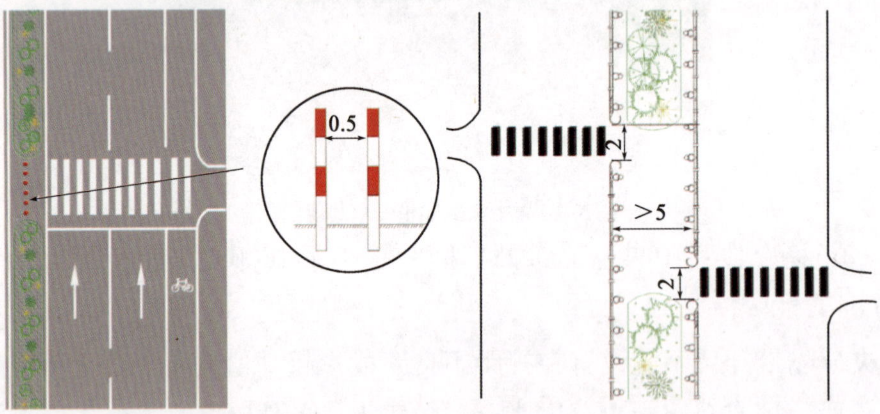

图 5.7-3　仅允许行人通行的开口隔离设施设置(尺寸单位：m)

(3)允许行人和非机动车穿行，但禁止机动车穿行的开口，中央分隔带设置示警桩隔离，示警桩间距取 1.8 ~2.0m(图 5.7-4)。

3)综合处置实例

图5.7-5所示为某中央分隔带开口处置实例，开口设置了完善的标志标线。

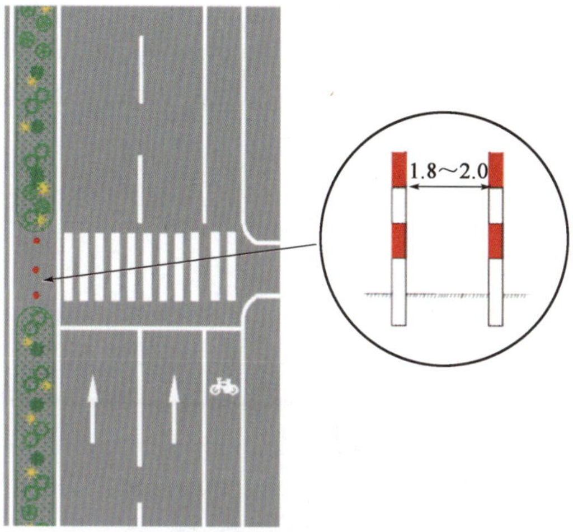

图5.7-4 允许行人和非机动车通行的开口隔离设施设置（尺寸单位：m）

图5.7-5 中央分隔带开口处置实例

5.8 穿村镇及学校路段

5.8.1 一般规定

(1)根据主要事故类型和原因，利用预先提示、速度控制、路宅分离、设置辅道等方式，对穿村镇路段进行综合治理。

(2)在穿村路段前方设置标志，提示驾驶员即将进入穿村镇路段，提醒其小心驾驶。

(3)采取预告警示、车速控制等措施降低主线进入村镇车辆的速度，减小村镇路段上的速度差。

(4)条件允许时进行路宅分隔，分隔主线上车辆和公路两侧从事生产、生活的农用车、非机动车和行人，控制公路两侧的出入口数量，减小路侧活动对主线上车辆的影响。

(5)条件允许时设置辅道，通过辅道归并路侧开口，降低路侧开口对主线交通流的影响。

5.8.2 村庄路段

村庄路段处置重点在于速度控制、地名提示、人流较为集中点段设置注意行人标志与人行横道，有条件时实现路宅分离。图 5. 8-1 所示为村庄路段处置示意。

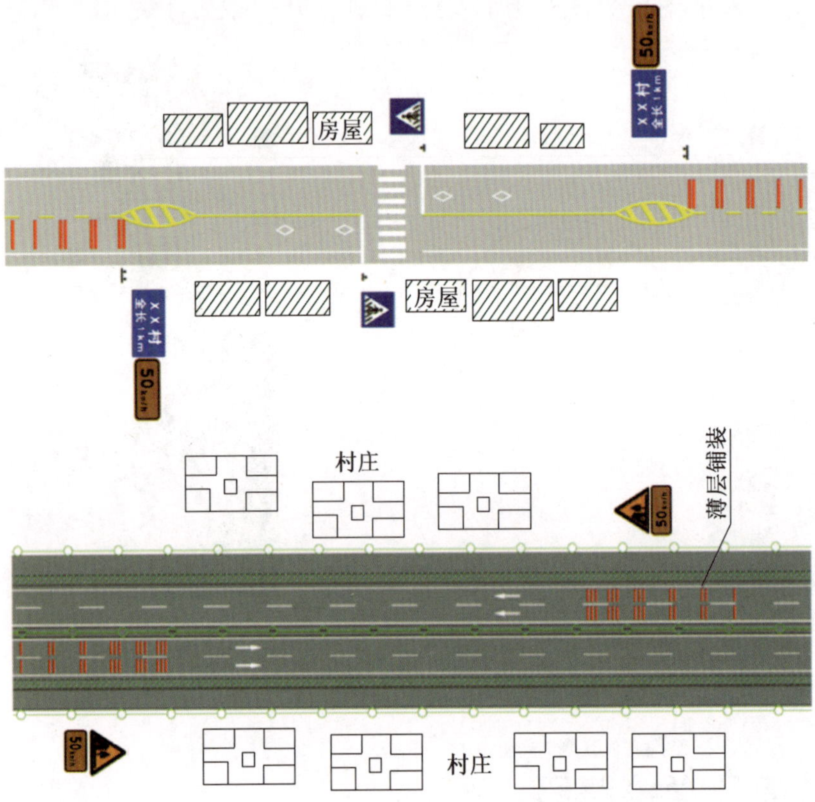

图 5. 8-1　村庄路段处置(限速值仅为示意)

5. 8. 3　城镇路段

城镇路段处置重点在于速度控制、地名提示、机非分隔、中央开口控制、人流较为集中点段设置注意行人标志与人行横道。条件允许时实施路宅分离，降低生活生产干扰，或者设置辅助车道，归并路侧开口，降低支路口对主线运行影响。在两侧商铺密集区域，为降低路侧行人对交通的影响，可设置人行道。图 5. 8-2 ~ 图 5. 8-7 所示为某城镇路段处置措施示意及实例。

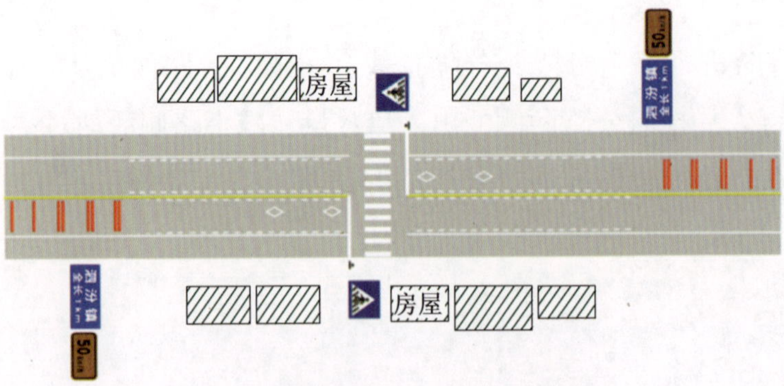

图 5. 8-2　城镇路段处置(限速值仅为示意)

图 5.8-3 城镇路段基本处置实例

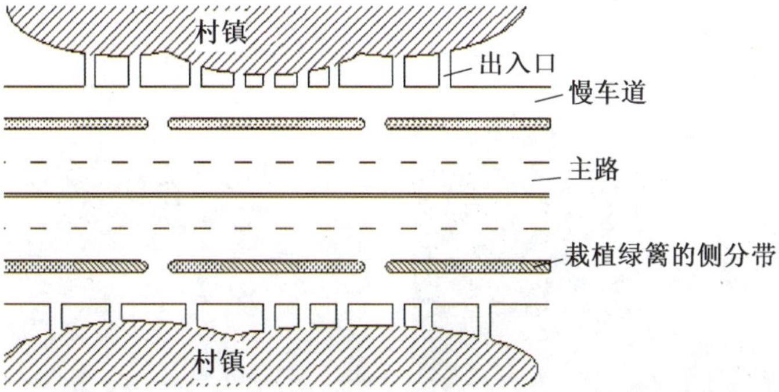

图 5.8-4 穿村路路宅分离示意图

图 5.8-5 穿村镇路段路宅分离实例

5.8.4 学校路段

学校路段处置重点在于视距保障、警示和速度控制，对于学校出入口直接接入国省道的情况应进行专项评价，必要时应采取通过支线接入、设置上跨桥或下穿通道等方式保障学校路段安全。图 5.8-8 所示为学校路段处置实例。

图 5. 8-6　村镇段美化

图 5. 8-7　利用路侧绿化隔离带实施路宅分离实例

图 5. 8-8　穿越学校路段处置实例

5. 9　视线诱导及防眩

在视距不良、线形不良及其他公路风险较高的路段，宜针对主要风险因素，进行充分的诱导和警示。

5.9.1 线形诱导标

在受山体、树木或房屋等阻挡，及其他使驾驶人难以明了前方线形走向，易发生交通事故的小半径弯道外侧，可视具体情况设置一定数量的线形诱导标。

(1)公路设计速度大于或等于80km/h时，线形诱导标尺寸可选600mm×800mm，设计速度小于80km/h时，可选用400mm×600mm，最小尺寸不得小于220mm×400mm。

(2)线形诱导标的设置应根据曲线半径、曲线长度、偏角大小确定。偏角较小(小于或等于7°)的曲线路段，可在曲线中点位置设一块诱导标，如图5.9-1a)所示；偏角较大(大于7°)、曲线较长的弯道，可根据需要设置若干块诱导标，应保证驾驶人员在曲线范围内连续看到不少于3块诱导标，如5.9-1b)所示。

a)偏角较小路段　　b)偏角较大路段

图5.9-1 线形诱导标设置实例

(3)线形诱导标设置间距宜满足表5.9-1规定。

表5.9-1 线形诱导标间距 *S* 值选取表

曲线半径(m)	线形诱导标间距 *S*(m) 驶入弯道85%位车速(km/h)	
	<80	≥80
<50	10	6
50~99	12	8
100~149	18	12
150~199	24	16
200~249	30	20
250~299	36	24
≥300	40	26

(4)在普通等级公路上，一般路段线形诱导标为蓝底白图案，设于中央隔离设施端部、渠化设施端部、桥头等的线形诱导标为红底白图案。

(5)线形诱导标志板的下缘至路面的高度应为120～200cm，板面应尽可能垂直于驾驶人视线。

5.9.2 轮廓标

(1)在视线不良、急弯、车道数或车道宽度有变化及连续急弯陡坡等路段，应设置轮廓标。

(2)在气候条件恶劣、线形条件差和事故多发地段，应设置反光性能高的轮廓标或采用尺寸较大的反射器。

(3)轮廓标一般设置在公路的中央分隔带和土路肩上，附着在路侧护栏上。轮廓标形式可根据公路是否设置护栏以及所设护栏的形式，选用附着式或柱式轮廓标。

(4)一级公路采用单向发光轮廓标，路侧轮廓标颜色为白色，中央分隔带轮廓标颜色为黄色；二、三、四级公路，路侧轮廓标采用双向反光轮廓标，轮廓标的颜色为白色。

(5)轮廓标在曲线段的设置间隔可按表5.9-2的规定选用，也可适当加密。

表5.9-2　曲线段轮廓标的设置间隔

曲线半径(m)	<30	30～89	90～179	180～274	275～374	375～999	1000～1999	2000及以上
设置间隔 S(m)	4	8	12	16	24	32	40	48

(6)轮廓标的标准设置高度为70cm，最小设置高度为60cm。设置于混凝土基础中的轮廓标，其设置高度(指反射器的中心高度)应与附着式轮廓标的高度大致相同。

(7)轮廓标反射器的安装角度，应尽可能与驾驶人视线方向垂直。

轮廓标设置实例如图5.9-2所示。

5.9.3 示警桩和示警墩

(1)示警桩间距为4～6m，高度为120cm，施工埋置深度为40cm或60cm，露出地面高度为80cm。采用钢筋混凝土示警桩时，横截面尺寸通常为15cm×15cm,。采用PVC管灌注混凝土示警桩时，PVC管的管径通常为160mm，壁厚通常为3mm。也可根据实际情况，采用其他新材料和新结构的示警桩。

(2)示警桩表面宜采用黑黄相间15cm或20cm反光油漆涂刷。

(3)示警桩仅起警示诱导的作用，一般用于路侧危险程度不高的路段，不能将示警桩作为防护设施使用。图5.9-3所示为示警桩设置实例。

(4)示警墩不具有防撞能力，但容易被驾驶人误认为护栏，为此不建议新增示警墩。现有示警墩宜根据路侧危险情况，更改为示警桩或逐步改造为连续式水泥混凝土护栏。

a)柱式轮廓标

b)附着式轮廓标

图5.9-2　轮廓标设置实例

图5.9-3　示警桩设置实例

5.9.4　道口标柱

(1)道口标柱沿主线方向，埋设在距路缘石外缘20cm处；没有路缘石的，应埋设在距土路肩内边缘20cm处，不应埋设在路基边坡上。道口标柱设置位置和数量如图5.9-4所示。

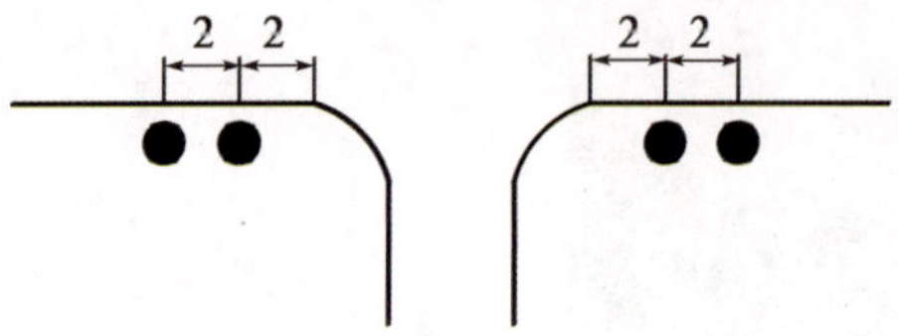

图 5.9-4　道口标柱设置位置和数量示意图(尺寸单位：m)

(2)为避免道口标柱与路段示警桩混淆，在设置有道口标柱的小型支路口前一定距离(一般为50m)内，主路不宜设置示警桩。

(3)在道口较为密集的穿村镇路段，可只在村镇两端道口及村镇中间交通量较大的道口设置道口标柱。

5.9.5　防眩

(1)双向四车道(及以上)一级公路，需要按照相关标准设置防眩设施，沿线连续设置路灯且按时亮灯的路段可不设置。

(2)防眩设施的遮光角应不小于8°。

(3)直线段防眩设施距离路面高度应不小于1.7m；竖曲线半径小于极限值路段，按纵坡计算防眩设施高度并实地进行检验，一般取1.8～2.0m。

(4)防眩设施的设置不应减小公路的停车视距。

(5)平面交叉(含允许车辆通行的中央分隔带开口)自停车线两侧各100m起，逐渐降低防眩设施的高度。植物防眩方式：距停车线50m位置，植物高度降低至护栏高度或40～50cm高度，并保持至路口停止线；防眩板防眩方式：距停车线50cm位置，防眩板高速降低至护栏高度或30～40cm的高度，然后距停止线之间的50m路段可不设置防眩板。设置实例如图5.9-5所示。

图 5.9-5　中央分隔带开口防眩设施设置实例

5.10　边沟与路肩

5.10.1　边沟

根据当地降水情况，满足路侧排水需要的前提下，有条件实施时，可采用有利于路侧安全的边沟形式。

(1)开放式边沟

对于V字形边沟及边沟底宽小于2.4m的圆形边沟、底宽小于1.2m的梯形边沟，图5.10-1a)中阴影部分的边沟断面尺寸对于驶出路侧的车辆是安全的；对于边沟底宽

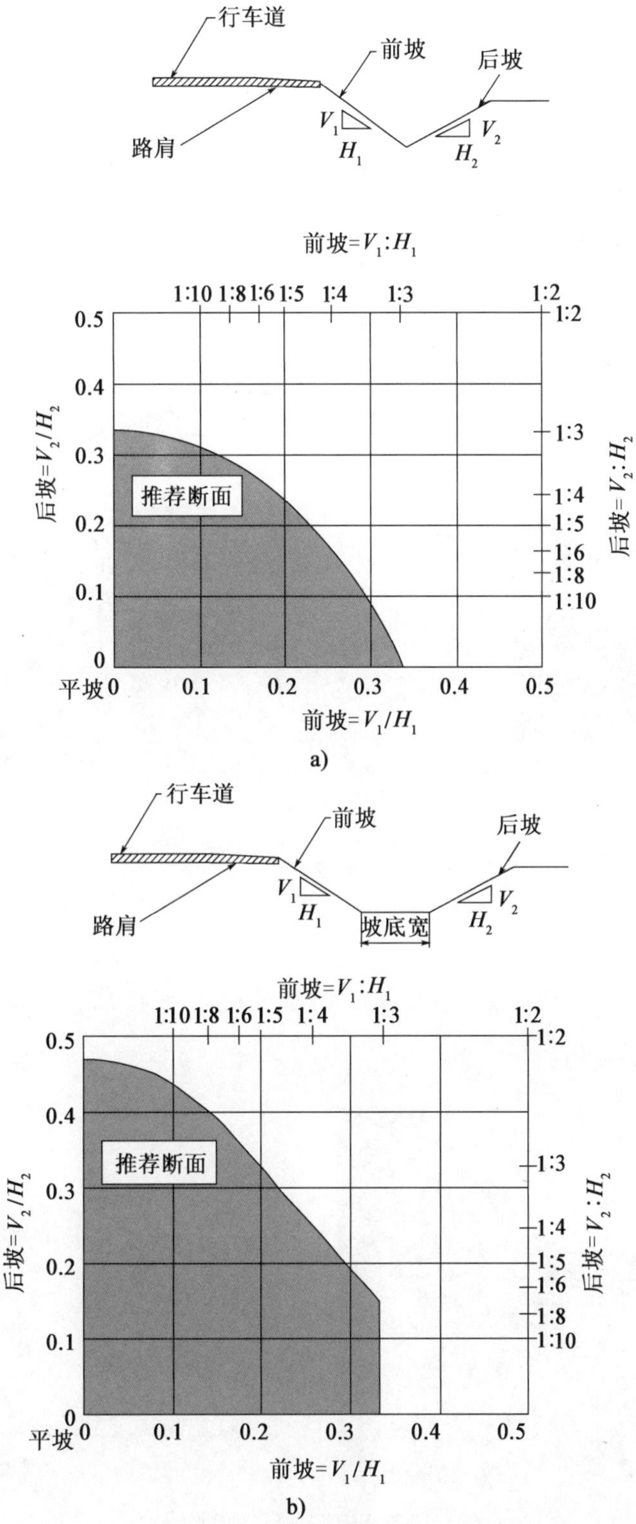

图5.10-1　推荐开放式边沟尺寸

大于2.4m的圆形边沟、底宽大于1.2m的梯形边沟，图5.10-1b)中阴影部分的边沟断面尺寸对于驶出路侧的车辆是安全的。其余断面尺寸的边沟应尽可能采取暗藏式边沟。

(2)暗埋式边沟

当路侧用地受限及其他原因，无法采用开放式边沟尺寸时，可采用带盖板的边沟或掩埋在植被下的边沟形式，实例如图5.10-2所示。采用此类边沟时，应注意边沟顶面强度的合理设计以及边沟清理的便利性。

a)暗埋式边沟效果

b)暗埋式边沟施工过程

图5.10-2　暗埋式边沟设置实例

5.10.2　路肩

宜按照安全路侧及规范中对土路肩宽度要求设置土路肩，平缓边坡。图5.10-3所示为边坡及路肩处置实例。

图5.10-3　边坡及路肩处置实例

6 设计文件要求

6.1 总体要求

(1)公路安全生命防护工程基本建设项目宜采用一个阶段施工图设计，有特殊要求的路段可编制实施方案。

(2)设计文件的编制，必须贯彻国家有关方针政策，按照基本建设程序和有关标准、规范、规程，精心设计，做到客观、公正、准确。

(3)设计应体现分级处置原则，依据公路道路条件、交通量、路域环境、交通事故和路段排查结果，确定路段危险度等级并采取对应的策略。

(4)施工设计图应编制预算。预算按照交通运输部现行《公路工程预算定额》《公路工程基本建设项目概算预算编制办法》和山东省地方标准《公路养护工程预算编制办法及定额》的规定编制。

(5)设计文件的编制须由具有相应资质、资格的设计单位、公司完成，并由交通运输领域相关专家评定审查，按审查意见修改完善后，方可实施。

6.2 基本要求

施工图设计应根据实施方案的批复意见、勘察设计合同书、项目详勘情况以及基础资料进行编制。施工图设计文件应明确以下内容：

(1)确定项目公路等级和设计速度。

(2)确定改造方案及实施位置，绘制路线平面图。

(3)确定安全设施标准横断面、安全设施特殊横断面，并绘制设计图纸。

(4)确定交通标志的类型、设置位置、版面尺寸、材料、支撑方式、构造尺寸，绘制布置图和设计详图。

(5)确定交通标线的类型、设置位置、颜色、尺寸，绘制设计图。

(6)确定防护设施(包括护栏、护栏端头、防撞垫、护栏过渡段和中央分隔带活动护栏等)的等级、形式和设置位置，绘制设计详图。

(7)确定视线诱导设施(轮廓标、线形诱导标、道口标柱、示警桩和示警墩)的类型、设置位置、尺寸、材料，绘制设计详图。

(8)确定减速设施(减速标线、减速丘和减速路面等)的设置位置、类型及尺寸，绘制设计详图。

(9)确定避险车道的设置位置、采用类型及尺寸，绘制布置图和设计详图。

(10)确定边沟形式及断面尺寸，绘制设计详图。

(11)确定路肩设置位置、结构类型及硬化宽度，绘制设计详图。

(12)确定是否设置停车区、观景台，设定设置位置，绘制设计详图。

(13)确定是否设置错车道，设定设置位置，绘制布置图和设计详图。

(14)确定凸面镜设置位置、尺寸，绘制设计详图。

(15)计算各项工程数量，编制各项工程数量表(包括拆除、改移工程数量)。

(16)提出施工组织计划。

(17)编制施工图预算。

(18)施工图设计由文字说明和设计图表两部分组成，全部采用 A3 版面(420mm × 297mm)，具体格式详见本指南附录 C。

6.3 施工图组成

公路安全生命防护工程设计文件一般由下列十篇及附件所组成，实际应用中可根据实际项目情况做适当增减。

第一篇　总体设计

第二篇　路线

第三篇　路基、路面

第四篇　桥梁、涵洞

第五篇　隧道

第六篇　路线交叉

第七篇　交通工程及沿线设施

第八篇　路域环境整治

第九篇　施工组织计划及交通组织计划

第十篇　施工图预算

6.4 施工图内容

第一篇　总体设计

1. 项目地理位置图

2. 总说明书

1)概述。

a)项目背景：说明项目的地理位置、项目的起终点、路线走向、路线长度、原技术标准、养护历史等。

b)测设简况：测设单位及工作内容。

c)现状调查和交通量：原路技术标准、原路路面结构、交通量分析和预测、沿线自然地粒状况、原路主要技术指标。

d)原路存在的主要交通安全问题。

2)技术标准及建设规模。

3)沿线自然地理特征及其与公路建设的关系，包括沿线自然地理概况、地形地貌、气候、水文等。

4)设计依据：列出本项目相关的文件、有关批复及本项目依据的相关技术标准。

5)总体设计。

a)指导思想及基本原则；

b)总体目标；

c)主要交通安全提升方案，包括针对主要安全隐患的处置措施；

d)新技术、新材料应用等情况；

e)施工方案，包括施工组织、交通组织、总体施工步骤及工序衔接；

f)其他需说明的事项；

g)施工图预算。

3. 总预算汇总表

4. 主要技术经济指标表

5. 附件：有关文件和纪要等复印件

第二篇　路线

1. 路线说明

2. 直线、曲线及转角表

3. 纵坡竖曲线表

4. 安全设施

1)安全设施设计说明。对各种安全设施材料要求、设计方案、施工要求等作出说明。

2)安全设施布设横断面图。

3)安全设施工程数量汇总表。

4)交通安全设施平面布置图。比例1:1000~1:2000。

a)在路线平面图上标示出所有新增、改造后利用、原样利用的安全设施的位置、桩号。交通标志应标示出采用的标志版面、改造方式(指新增、改造后利用、原样利用);

b)在路线平面图上标示出主路、交叉口改造范围内的所有标线、安全设施。

5)标志设置一览表。列出新建、利用标志的位置、桩号、标志板面尺寸、反光技术要求、支撑形式等。附着黄闪灯或采用主动发光标志形式的,在备注中进行说明。

6)标线设置一览表。按类型分类统计,如防滑涂层、路面文字标识等。

7)护栏设置一览表。按类型分类统计,如路侧波形梁护栏、路侧混凝土护栏、中央混凝土护栏、中央波形梁护栏等。注意统计护栏改造,如护栏端头改造、护栏过渡处理等工程量。

8)轮廓标设置一览表。按类型分类统计。

9)示警桩(示警墩)设置一览表。按类型分类统计。

10)道口标柱设置一览表。按类型分类统计。

11)防眩板设置一览表。按类型分类统计。

12)诱导标设置一览表。按类型分类统计。

13)公路界桩、建筑控制区界桩设置一览表。

14)里程碑、百米桩设置一览表。

15)标志版面布置图。对每一种在本项目使用的标志进行详细的版面设计,满足版面制作需求。

16)单柱式标志一般构造图、基础设计图。

17)双柱式标志一般构造图、基础设计图。

18)单悬臂标志一般构造图、基础设计图。

19)双悬臂标志一般构造图、基础设计图。

20)门架式标志一般构造图、基础设计图。

21)主线标线设计图。在图中列出主路各种不同类型横断面的标线设计图,以及横断面渐变段标线设计图。

22)人行横道、导向箭头设计图。

23)减速标线设计图。

24)减速让行标线设计图。

25)停车让行标线设计图。

26)收费广场标线设计图。

27)导流线、出入口标线设计图。

28)路侧(或中央)波形梁护栏设计图。按类型分类设计，注意外展式端头处理、刚柔护栏过渡处理、原有防护设施利用等。

29)路侧(或中央)混凝土护栏设计图。按类型分类设计，注意路侧外展式端头处理、刚柔护栏过渡处理、护栏改造原有防护设施利用等。

30)防眩板设计图。

31)柱式(或栏式)轮廓标设计图。按类型分类设计。

32)道口标柱设计图。

33)接入口汇入交通流智能警示标志设计图。

34)防眩板设计图。

35)柱式(或栏式)轮廓标设计图。按类型分类设计。

36)示警桩(或示警墩)设计图。按类型分类设计。

37)道口标柱设计图。

38)公路界桩、建筑控制区界桩、标桩设计图。

39)里程碑、百米桩设计图。

第三篇　路基、路面

1. 路基路面设计说明

2. 路基标准横断面图

3. 路基路面工程数量表

4. 路基路面排水工程设计图。重点为边沟改造。

5. 路面结构设计图。重点为硬路肩及土路肩修补。

第四篇　桥梁、涵洞

1. 桥梁、涵洞设计说明

2. 桥梁

1)原有桥梁调查表。列出原桥梁的概况参数，如桥名、中心桩号、孔数及孔径、交角、全长、桥面净宽、结构类型(分上、下部结构)，病害情况，养护(针对承载力不足的桥)对策等。

2)桥梁护栏改造工程数量表。

3)桥梁护栏改造设计图。

3. 涵洞

1)原有涵洞调查表。列出原有涵洞的概况参数、病害情况、养护对策等。

2)涵洞护栏改造工程数量表。

3)涵洞护栏改造设计图。

第五篇　隧道

1. 隧道设计说明

2. 隧道

1)原有隧道调查表。列出进出口的桩号、长度、净空、平纵面指标、洞门形式、照明、通风方式等。

2)隧道安全防护工程数量表。

3)隧道安全防护工程设计图。重点在于隧道洞口端墙防护及过渡、照明及过渡、视线诱导、路面抗滑。

第六篇　路线交叉

1. 路线交叉设计说明

2. 平面交叉设计图表

1)平面交叉工程数量一览表。按平交、道口等分类统计。

2)平面交叉布置图。示出地形、地物、主线、被交叉道路或铁路、交通岛、辅助车道的纵、横断面及设计主要尺寸(如转弯圆曲线半径、车道宽度、渐变段长度等)。比例尺用1∶500～1∶2 000。在地形图上直接绘制，地形图做淡显处理。

3)平面交叉设计图。绘出环形和渠化交叉的平面、纵断面、横断面及高程数据图。

4)平面交叉标志、标线设计图。绘出交叉口范围内的渠化标志、标线(如导向箭头、人行横道线、人行横道预告等)。支路口分类给出通用标志标线设计图。

5)平面交叉加铺(接顺)通用设计图。绘出交叉口主线与支线的路面结构与衔接方式。

第七篇　交通工程及沿线设施

1. 交通工程及沿线设施说明

重点与交通安全有关的可变情报板、观景台、停车区、加水站、维修站、避险车道设施的设置说明。

2. 交通工程及沿线设施工程数量表

3. 交通工程及沿线设施布设表

4. 交通工程及沿线设施设计图

第八篇 路域环境整治

1. 路域环境整治说明

重点与交通安全有关的路宅分离、视距清理、非公路标志清理、路侧堆积物清理等。

2. 路域环境整治工程数量表

3. 路宅分离设施设置一览表

4. 视距清理一览表

5. 非公路标志清理一览表

6. 其他路域环境整治列表

7. 路域环境整治工程设计图

第九篇 施工组织计划及交通组织计划

1. 施工组织计划说明

2. 临时工程数量表

3. 临时交通组织设施一览表

4. 临时交通组织设计图

第十篇 施工图预算

施工图预算文件可单独成册，文件格式、组成及内容按部颁和山东省规定编制。造价可按标段(或县区)独立编制，整个项目的造价进行汇总。

1. 编制说明

2. 总预算汇总表

3. 各标段造价表

附件

1. 原工程施工图、竣工图等设计文件、基础资料

2. 主管部门批复意见

3. 设计合同

4. 专题研究

5. 测量资料

附录 A　公路安全生命防护工程路段排查基础资料清单

1)公路交通事故

公路交通事故的统计年限为最近 3 年，统计项目如下：

(1)该路段发生的交通事故起数、交通事故的具体桩号；

(2)每起交通事故(不包括酒驾、毒驾等事故)死亡及受伤人数。

2)公路技术指标

(1)设计速度；

(2)圆曲线半径；

(3)连续存在三个或三个以上的圆曲线时，圆曲线间的最小距离；

(4)纵坡坡度；

(5)会车视距。

3)公路路侧指标

(1)填方边坡坡度及高度；

(2)路侧挡墙、陡崖或深沟高度；

(3)常水深 0.5m 以上的水体离路侧的距离；

(4)干线公路或铁路离路侧的距离。

4)公路环境指标

(1)平面交叉或支路口桩号；

(2)穿村镇路段起止点桩号；

(3)公路条件变化路段的起止点桩号。

5)已有安全设施和已实施安全改善工程

(1)结合车辆冲出路外的交通事故资料，分析已有护栏是否满足防护需求；

(2)根据大中修工程中加铺路面的情况，判断护栏高度是否满足规范要求；

(3)警示和视线诱导等安全设施是否破损或缺失。

6)交通流量和车辆组成

最近 3 年交通量观测站统计的平日交通量(非节假日或赶集日)以及小客车、大客车、货车、农用车、摩托车的比例。

交通量含农用车但不含摩托车，统计数据为自然辆，不需要换算。

7）通校车或客运班线车

通校车或客运班线车的起止点桩号。

8）其他资料

根据道路危险因素确定需要搜集的其他资料。

附录 B　公路技术指标简易测量方法

公路技术指标应以工程实际测量为准，部分公路技术指标可采用如下简易测量方法。

(1)弯道半径

测量工具：皮尺，长度为 20m 或 30m。

测量方法：如图 B-1 所示。首先在实地上找出弯道的中线以及弯道的中点，将 20m 或 30m 长的皮尺拉直，两端置于弯道中线上；再将弯道中点与皮尺中点进行连线且与皮尺保持垂直，量出两点的距离 D。同一地点连续测量 3 次，取平均值。弯道半径 R 按式(B-1)计算，也可查表 B-1 获得。

$$R = \frac{D}{2} + \frac{L^2}{8D} \tag{B-1}$$

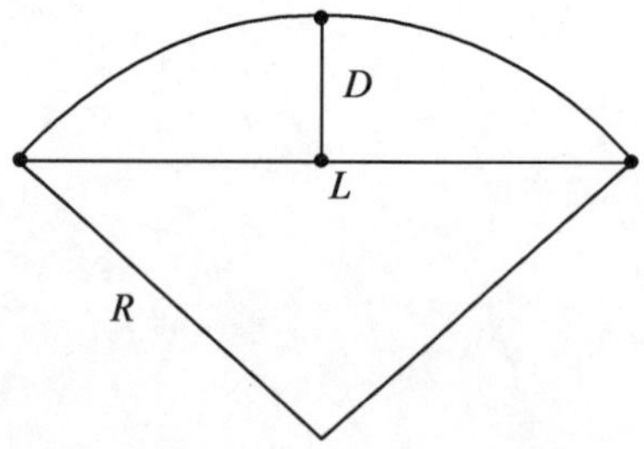

图 B-1　弯道半径简易测量示意图

表 B-1　弯道半径计算表(单位：m)

$L=20$m		$L=30$m	
D	R	D	R
1.00	51	1.00	113
1.10	46	1.10	103
1.20	42	1.20	94
1.30	39	1.30	87
1.40	36	1.40	81
1.50	34	1.50	76
1.60	32	1.60	71

续上表

L = 20m		L = 30m	
D	R	D	R
1.70	30	1.70	67
1.80	29	1.80	63
1.90	27	1.90	60
2.00	26	2.00	57
2.10	25	2.10	55
2.20	24	2.20	52
2.30	23	2.30	50
2.40	22	2.40	48
2.50	21	2.50	46
2.60	21	2.60	45
2.70	20	2.70	43
2.80	19	2.80	42
2.90	19	2.90	40
3.00	18	3.00	39
3.10	18	3.10	38
3.20	17	3.20	37
3.30	17	3.30	36
3.40	16	3.40	35
3.50	16	3.50	34
3.60	16	3.60	33
3.70	15	3.70	32
3.80	15	3.80	32
3.90	15	3.90	31
4.00	15	4.00	30

(2)纵坡坡度

测量工具：坡度尺(精度 ±1°)。

测量方法：将坡度尺的测量面沿公路纵向与中心线接触。旋转刻度旋轮，直到水准管气泡居中，读取指针尖端对准刻度盘上的数字。同一地点连续测量 3 次，取平均值。

(3)视距

测量工具：轮式测距仪(精度为 0.1m)。

测量方法：如图 B-2 所示，首先在车道中心线上规定的视线高度(1.2m 或 2.0m)

确定视点 P_1，人眼视觉范围内，确定远处路面最左侧边缘目标点 P_2 和路面最右侧目标点 P_3(P_2、P_3 距路面高度为 0.1m)；使用轮式测距仪沿该车道中心线分别测量 P_1 距离 P_2 和 P_3 的长度，取二者中的较小值。以一定步长(例如 10m)移动视点 P_1，重复上述测量过程。同一地点连续测量 3 次，取 3 次测量结果中的最小值作为视距测量结果。

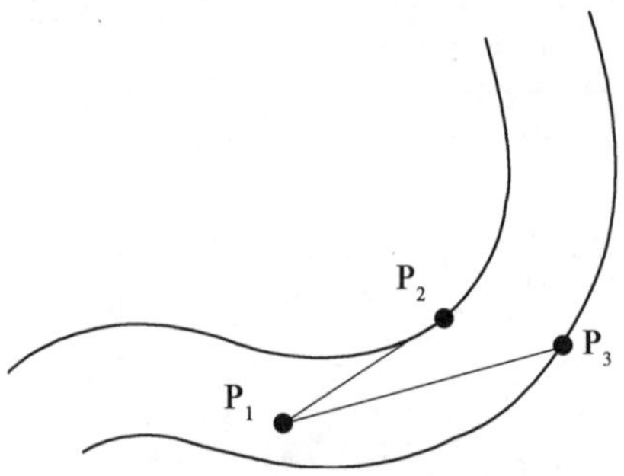

图 B-2　视距简易测量示意图

(4)路侧边坡高度

测量工具：手持激光测距仪(量程大于 10m)、坡度尺。

测量方法：将激光测距仪放置于边坡顶点，激光束沿边坡坡面对准边坡坡底的目标点，获得读数 S。将坡度尺的测量面与边坡坡面接触，旋转刻度旋轮，直到水准管气泡居中，读取指针尖端对准刻度盘上的数字，获得边坡坡度 θ。同一地点连续测量 3 次，取平均值。根据图 B-3 所示几何关系，按式(B-2)计算边坡高度 H。

$$H = S \times \sin\theta \tag{B-2}$$

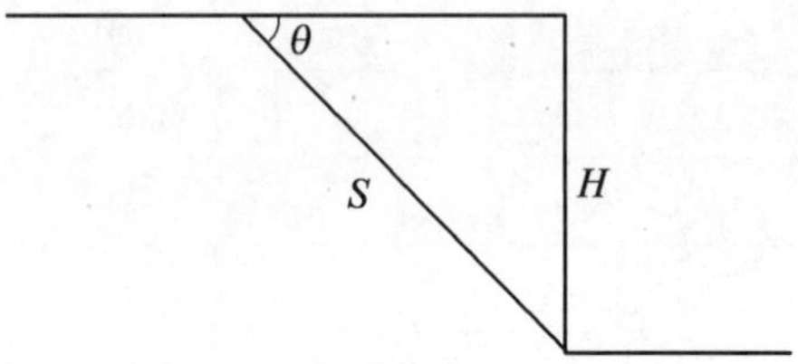

图 B-3　路侧边坡高度简易测量示意图

附录 C　施工图文本格式

(1)封面格式

页边距上下各 2.5cm，左 3cm，右 1cm，装订线在左侧，封面颜色采用白色，样例如图 C-1 所示。

(2)扉页格式

施工图设计扉页样例如图 C-2 所示。

(3)测设人员名单格式

测设人员名单格式如图 C-3 所示。

(4)目录格式

施工图设计目录样例如图 C-4 所示。

(5)标准图框

施工图设计标准图框样例如图 C-5 所示。

(项目名称)公路安全生命防护工程

(K×××+×××～K×××+×××,全长×××km)

35号华文中宋,居中,项目名称长时可分为两行

施工图设计

80号华文中宋,居中

全一册

30号华文中宋,居中

编制单位:××××

编制时间:××××

图C-1　施工图设计封面格式样例

(项目名称)公路安全生命防护工程

(K×××+×××～K×××+×××,全长×××km)

35号华文中宋，居中，项目名称长时可分为两行

80号华文中宋，居中

施工图设计

全一册

20号华文中宋，居中，主要责任人需手签或使用姓名章

项目总负责人	
技术总负责人	
总工程师	
总经理	
编制单位	
设计证书	
编制日期	

图C-2　施工图设计扉页样例

参加测设人员名单

姓名	职务或职称	参加工作内容	姓名	职务或职称	参加工作内容

图C-3　测设人员名单

目　　录

××××安全生命防护工程施工图设计

序号	图 表 名 称	图表编号	页数	总页次
一	**总体**			
1	项目地理位置图			
2	设计说明书			
3	……			
二	**标志、标线措施**			
1	拆除原有××工程数量表			
2	标志设置一览表			
3	……			
4	标志版面布置图			
5	……			
三	**路侧防护措施**			
1	拆除原有××工程数量表			
2	路侧波形梁护栏设置工程数量表			
3	……			
4	路侧钢筋混凝土护栏钢筋布置图			
5	……			
四	**警示诱导措施**			
1	线形诱导标设置工程数量表			
2	轮廓标设置工程数量表			
3	……			
4	线形诱导标设计图			
5	……			

序号	图 表 名 称	图表编号	页数	总页次
五	**平面交叉措施**			
1	被交道处置工程数量表			
2	照明设置数量汇总表			
3	……			
4	道口标柱结构设计图			
5	……			
六	**与土建工程相结合安全措施**			
1	线形优化路段平面图			
2	线形优化路段纵断面图			
3	……			
4	路侧危险物清除工程数量表			
5	边沟处理工程数量表			
6	……			
七	**投资预算**			
1	总预算表			
2	人工、材料、机械台班数量汇总表			
3	……			
八	**基础资料**			
1	逐桩坐标表			

图C-4　施工图设计目录

第 页	共 页

××××设计 有限公司	××××安全生命防护 工程施工图设计	××××结构 设计图	设计		复核		审核		图号		日期	

图C-5　施工图设计标准图框样例